# Uimitoarea carte de rețete pentru cafea

100 de rețete uimitoare pentru a crea cafele magnifice, unice și distractive, care vor uimi prietenii și familia

Mihaela Alexandrescu

© COPYRIGHT 2022 TOATE DREPTURILE REZERVATE Acest document este orientat spre furnizarea de informații exacte și de încredere cu privire la subiectul și problema tratate. Publicația este vândută cu ideea că editorul nu este obligat să presteze servicii contabile, autorizate oficial sau altfel calificate. Dacă este nevoie de consiliere, juridică sau profesională, trebuie solicitată o persoană practicată în profesie.

În nici un fel nu este legal să reproduci, să dublezi sau să transmită orice parte a acestui document, fie prin mijloace electronice, fie în format tipărit. Înregistrarea acestei publicații este strict interzisă și orice stocare a acestui document nu este permisă decât cu permisiunea scrisă a editorului. Toate drepturile rezervate.

**Avertisment Disclaimer,** informațiile din această carte sunt adevărate și complete după cunoștințele noastre. Toate recomandările sunt făcute fără garanție din partea autorului sau a publicării poveștii. Autorul și editorul își declină răspunderea în legătură cu utilizarea acestor informații

## Cuprins

INTRODUCERE ................................................................ 8

REȚETE DE CAFEA ......................................................... 9

1. Cafeaua beduină ................................................... 9
2. Placintă dulce cu lapte și cafea ........................... 11
3. Prajitura cu ciocolata si cafea............................. 13
4. Latte de iarnă cu cardamom și scorțișoară ................ 16
5. Tort cu ciocolată și banane .................................. 18
6. Caffe latte ............................................................. 20
7. Cafea latte de casă .............................................. 22
8. Cafea irlandeza .................................................... 24
9. Banane cu cafea cu ciocolată ............................. 25
10. Cafea cu caramele ............................................. 27
11. Cafea cu lapte ..................................................... 29
12. Cafea cu cardamom și spumă 063593 ............ 30
13. Espresso rece ..................................................... 32

14. Mocha rece ca gheață și shake de mentă ............................ 33

15. Cafea cu rom cu smântână ............................................. 35

16. Rețetă de cafea cu bomboane ............................... 37

17. Cremă de cafea bavareza ............................................. 38

18. Cafea cu gheață cu înghețată ............................ 40

19. cafea cu gheață cu nucă de cocos și caramel ................. 41

20. Cappuccino Shot cu vanilie și sare ................. 43

**RETETE DE PRATIT** ........................................... ................. 44

21. Brownie cu cafea cu nucă de cocos ............................... 44

22. Prajitura cu fructe confiate ................................................. 46

23. Cupcake cu cafea de Crăciun ............................. 48

24. Prajitura de manioc cu cafea si nuca de cocos ................ 50

25. Banane cu cafea cu ciocolată............................ 52

26. Rețetă de brownie cu cafea ............................................. 54

27. Prăjitură de smochine caramelizate cu cafea ......... 56

28. Briose cu moca .................................. 58

29. Prajitura simpla de cafea ................................ 60

30. Tiramisu cupcake ............................ 62

31. Găluște cu arahide .......................... 64

32. Briose cu cafea irlandeză ................. 66

33. Tort cu banane cu cafea ................. 68

34. Tort cu inghetata cu cafea espresso suprema Tres ................................... 70

35. Cozonac ........................................ 72

36. Brioșă de cafea instant .................. 74

37. Prajitura de cafea cu lapte............... 76

38. Tort cu dovlecei cu cafea espresso ............... 78

39. Brownie cu unt de arahide și cafea ............... 80

40. Prajitura cu crema de branza espresso cu alune ......... 82

41. Prajitura cu spelta de ciocolata ................... 85

42. Prajitura cu iaurt ................................................. 87

43. Prăjitură cu mac Flower Power ..................................... 89

44. tort de cireșe ..................................................... 92

45. Prajitura de ciocolata cu portocale cu stevia ....................... 94

46. Prajitura cu seminte de dovleac cu crema de rom ..................... 96

47. Brioșe cafea-alune-ciocolată .................... 98

48. Tort rapid de cafea cu nuci ......................................... 100

49. Tort cu nuci ....................................................... 102

50. Prăjitură cu brânză cu nutella ........................ 104

**VEGETARIAN**................................................ 106

51. Shake de cafea și banane ........................ 106

52. Prăjitură de smochine caramelizate cu cafea ..................... 108

53. Avocado cu extract de cafea ....................... 110

54. Budinca Cantuccini cu sos de cafea ................. 112

55. Glazura de albus de ou cu cafea .................................. 114

56. Cafeaua Dalgona ............................................ 116

57. Cafea cu banane ............................................ 118

58. Cafea mai caldă sufletul ............................... 120

59. Inghetata de cafea si mac cu marinat cireșe ............................................ 122

60. Vistula ciocolata inghetata cafea cu fructe de padure marinate ............................................ 124

61. Latte de iarnă cu cardamom și scorțișoară............... 126

62. Visul de cafea cu Stevia ............................... 128

63. Cappuccino cu spumă de Paște............................ 130

64. Colțuri de cafea ............................................ 132

65. Înghețată de cafea pe un băț ............................ 134

67. Trufa Cappuccino ............................................ 136

68. Prajitura simpla de cafea ............................................ 138

69. Cafea cu gheață ............................................ 140

70. Banană cu cafea cu ciocolată............................ 141

71. Cafea irlandeza ............................................ 143

72. Tartine de cafea si nuci .................................. 144

73. Tiramisu cu zmeură Nutella ........................ 146

74. Tiramisu cu banane caș ................................ 148

75. Prajitura de manioc cu cafea si nuca de cocos .............. 150

76. Cafeaua BusserIn ......................................... 152

77. Espresso și vafe cu nuci de pin ................. 154

78. Cești de cafea Biscuiți ............................... 156

79. Tort cu jeleu de marmură Cappuccino ..................... 158

80. Cafea cu avocado într-un pahar ............... 160

**Gustări** ........................................................... 162

81. Felii de smântână ....................................... 162

82. Prajitura cu fructe ....................................... 164

83. Brioșe caipirinha........................................... 166

84. Bile energetice de mango nucă de cocos .............. 168

85. Terci de colț și margarete ....................... 170

86. Budincă Colomba cu cafea .................. 172

87. Sandwich cu unt de arahide și espresso ............... 174

88. Placintă dulce cu lapte și cafea ............................. 175

89. Baton de ciocolată cu arahide ..................... 177

90. Biscuiti de cafea................................. ....... 180

91. Glazură de cafea .............................. ........... 182

92. Cafeaua Busserl ........................... ........ 184

93. Biscuiți Mocha ............................... ....... 186

94. Espresso-Brownies................................... .. 188

95. Lichior de cafea cu vanilie................................ 190

96. Topping cu crema de castane pe cafea condimentata ......... 192

97. Cake pops cu cafea ............................... .... 194

98. Cafea cu gheață cu anason și lemn dulce ................. 196

99. Ruladă de cafea ................................. ....... 198

100. Budincă de cafea ................................ .... 200

CONCLUZIE................................................ ................ 201

# INTRODUCERE

Cafeaua este una dintre cele mai des consumate băuturi dimineața, după mesele principale, sau după-amiaza pentru a însoți o gustare sau pur și simplu pentru a ține la distanță somnul și lenea.

Băutura are un efect termogenic și ajută la pierderea în greutate, precum și la combaterea durerilor de cap, stimulând sistemul nervos, crește capacitatea de învățare și chiar previne boli precum diabetul și Alzheimer.

În plus, fanii băuturii vor fi încântați să afle că toate soiurile de fasole pot fi folosite atât în mâncăruri dulci, cât și sărate și într-o gamă largă de rețete. Având în vedere asta, am întocmit o listă cu cele mai bune rețete de cafea pe care să le încerci imediat!

# REȚETE DE CAFEA

*1. Cafea beduină*

**ingrediente**

- 750 ml apă
- 2 lingurițe de cardamom proaspăt măcinat
- 1 lingurita de scortisoara pudra
- 1/2 lingurita de ghimbir proaspat ras
- 8 lingurițe de moka proaspăt măcinat
- 2 lingurite de zahar

pregătire

1. Pentru cafeaua în stil beduin, puneți condimentele și ghimbirul într-o cratiță. (Obișnuitul de cafea cu mâner este cel mai bun pentru asta.)
2. Acum adăugați apă și aduceți la fiert. Reduceți focul la minim și acoperiți apa (ca să nu se evapore prea multă apă) fierbeți timp de 10 minute.
3. Adăugați mocha și zahărul, amestecați o dată și lăsați cafeaua să fiarbă, acoperită, timp de 5 minute. Se toarnă în boluri mici și se servește.

## 2. Placintă dulce cu lapte și cafea

**Ingrediente (aluat)**

- 200 de grame de biscuiți cu amidon de porumb zdrobit
- 100 de grame de unt
- ½ cană de cafea fierbinte strecurată Pimpinela Golden
- 1 lingurita de drojdie chimica

**Pregătirea**

1. Preîncălziți cuptorul la 180 °.
2. Topiți untul în cafea și încorporați-l treptat cu biscuitul zdrobit deja amestecat cu drojdia.

Aliniați o formă de cerc detașabilă (20 cm în diametru) la o înălțime de 1/2 cm. Coaceți timp de 30 de minute.
3. Scoateți și așteptați să se răcească.

## 3. Tort cu ciocolata si cafea

**Ingrediente**

*Tort:*

- 1 3/4 căni de zahăr rafinat ▯ 2 ½ căni de făină
- ½ cană pudră de cacao 50%
- 1½ linguriță de bicarbonat de sodiu
- 1½ linguriță de drojdie chimică
- 1 lingurita de sare
- 2 ouă mari, la temperatura camerei
- 1 cană de lapte
- 1 lingurita de otet
- 2 lingurite de vanilie
- 240 ml cafea fierbinte Santa Clara
- 1 cană de ulei vegetal

*Acoperiș:*

- 125 g de unt la temperatura camerei
- 1 cana pudra de cacao 50%
- 2 ½ căni de zahăr pudră
- 2 linguri de cafea preparată
- ½ linguriță de vanilie

**Preparare:**

*Tort:*

1. Încinge cuptorul la 200 de grade.
2. Se unge si se presara cu pudra de cacao (sau faina) o forma de 33 x 23 cm.
3. Într-un castron mare combinați zahărul, făina, cacao, bicarbonatul de sodiu, praful de copt și sarea, amestecând bine. Adăugați ouăle, laptele, oțetul, vanilia, cafeaua și uleiul. Se amestecă totul cu un fuet, sau cu un mixer manual timp de 2 minute. Se pune in tava pregatita si se coace 30-40 de minute, sau pana cand o scobitoare introdusa in mijloc iese curata. Lăsați să se răcească timp de 10 minute înainte de a pune toppingul.

*Acoperiș:*

1. Într-o cratiță medie, topește untul la foc mic. Opriți focul și adăugați cacao. Dati focul la temperatura medie si gatiti pana incepe sa fiarba. Opriți focul și adăugați zahărul, cafeaua și vanilia. Se amestecă bine cu un fuet. Lasam glazura sa se raceasca 10 minute pana se ingroasa putin. Întindeți imediat deasupra prăjiturii în interiorul tavii. Nu lăsați glazura să se răcească prea mult sau va îngreuna răspândirea peste tort.

## 4. Latte de iarnă cu cardamom și scorțișoară

**ingrediente**

- 1 cutie de lapte de cocos (sau frișcă vegană)
- 6 păstăi de cardamom
- 2 bat (e) scorțișoară
- 160 ml cafea
- 100 ml lapte de migdale (sau lapte de ovaz)
- Preparat de scorțișoară (măcinată, pentru stropire).

2. Pentru latte-ul de iarnă cu cardamom-scorțișoară, puneți mai întâi laptele de cocos la frigider peste noapte.

3. A doua zi, scoateți laptele de cocos din frigider, scoateți crema de cocos călită din cutie și cu grijă, fără a o amesteca cu lichidul, turnați-o într-un bol răcit. Se amestecă cu un mixer de mână pana devine cremoasă.
4. Pune păstăile de cardamom și batoanele de scorțișoară într-o cană mare și toarnă peste ele cafeaua proaspăt preparată.
5. Încălziți laptele pe aragaz la un nivel scăzut.
6. Cerneți capsulele de cardamom și scorțișoara, împărțiți cafeaua între două căni și apoi amestecați cu laptele fierbinte.
7. Turnați 2 până la 3 linguri de cremă de cocos în fiecare dintre căni și stropiți latte-ul de iarnă cu cardamom-scorțișoară cu scorțișoară.

## 5. Tort cu banane cu ciocolata

**ingrediente**

- 2 banane (foarte coapte)
- 250 ml lapte degresat
- 300 g faina integrala de grau
- 1 lingurita Praf de copt
- 1 cutie de sare
- 50 g ciocolată neagră
- 150 de grame de preparat de zahăr

1. Preîncălziți cuptorul la 160 ° C.
2. Pentru prăjitura cu ciocolată cu banane, separă ouăle și se pasează bananele cu lapte și

gălbenușuri. Cerneți făina cu praful de copt și sare.
3. Răzuiți și amestecați ciocolata neagră, apoi amestecați piureul de banane.
4. Bate albusurile spuma in zapada si amesteca cu zaharul. Lăsați albușul să alunece pe aluatul de banane și amestecați cu grijă.
5. Tapetați tava cu hârtie de copt și adăugați amestecul.
6. Coacem prajitura cu ciocolata cu banane in cuptorul preincalzit la 160°C pentru o ora buna.

## 6. Caffè latte

**ingrediente**

☐ 150 ml lapte integral (3,5%)
☐ 1 preparat espresso

1. Pentru Caffè Latte, încălziți laptele într-un spuman electric pentru lapte și spumați. Se toarnă într-un pahar înalt. Fie lăsați espresso-ul să curgă direct în pahar, fie, dacă paharul nu se potrivește sub aparat, turnați-l în pahar folosind dosul unei linguri. Acest lucru creează cele 3 straturi tipice!
2. Servește caffè latte cu o bucată de ciocolată neagră sau un biscuit (cantucci).

## 7. Cafea latte de casă

**Ingredient**

- Cafea - 9 boabe
- Apă - 30 ml
- Lapte gras (3,5%, de casă) - 150 ml
- Zahăr după gust preparat

1. Măcinați boabele de cafea într-o râșniță de cafea.
2. Turnați cafea proaspăt măcinată într-un turc, turnați apă rece.
3. Se pune curcanul la foc mic, se fierbe pana incepe sa creasca spuma.

4. Imediat ce spuma începe să crească, scoateți cafeaua de pe foc.
5. Încinge laptele, dar nu fierbe! Laptele trebuie încălzit (aproximativ 80 de grade).
6. Bateți laptele până la o spumă aerisită.
7. Turnați jumătate din lapte într-un pahar de latte.
8. Se strecoară cafeaua printr-o sită într-un pahar. Turnați espresso în pahar într-un jet subțire de-a lungul părții laterale a paharului.
9. Pune deasupra spuma de lapte preparata. Pune un pai într-un pahar cu o băutură. Cafeaua latte de casă este gata.

## 8. Irish Coffee

**ingrediente**

- 100 ml whisky irlandez
- 4 cesti de cafea fierbinte
- 3 linguri de zahăr brun
- 100 g frisca
- zahăr brut pentru prepararea garniturii

1. Încălziți bine cafeaua, whisky-ul și zahărul în timp ce amestecați și dizolvați zahărul, apoi turnați în pahare de sticlă preîncălzite.
2. Bateți ușor smântâna și serviți ca glugă pe cafea, stropită cu puțin zahăr brun.

## 9. Banana cu cafea de ciocolata

**ingrediente**

- 2 linguri suc de lamaie
- 1 lingura zahar
- 1 praf pulpa de vanilie
- 1 banană
- 2 linguri sirop de ciocolata
- 400 ml cafea fierbinte proaspăt preparată
- 150 ml lapte
- pudră de cacao pentru stropire Etape de pregătire

1. Se pune sucul de lamaie la fiert cu zaharul, vanilia si 100 ml apa intr-o cratita. Curăță și cubulețe banana. Se toarnă în cratiță, se fierbe timp de 1-2 minute și se ia de pe foc. Lasam sa se raceasca putin, apoi umplem in 4 pahare.
2. Se amestecă siropul cu cafeaua și se toarnă cu grijă peste banane, cu excepția a 2 linguri. Încălziți restul de cafea cu laptele și amestecați până devine spumos. Se toarna peste cafea si se serveste presarata cu putina cacao.

## 10. Cafea caramel

**ingrediente**

- 2 curmale (Medjool; fără piatră)
- 1 praf de vanilie
- 150 ml lapte (3,5% grăsime)
- 400 ml cafea proaspăt preparată

**Etape de pregătire**

1. Curmalele se pasează mărunt cu 2 linguri de apă și vanilie. (Datorită cantității mici, aceasta funcționează cel mai bine cu un blender de mână într-un pahar care are un

diametru puțin mai mare decât partea superioară a blenderului de mână.)
2. Pune jumătate din piure de curmale printr-o sită mică în pahar și toarnă cafea proaspăt preparată în pahar. Faceți același lucru cu restul piureului de curmale.
3. Încălziți laptele într-un vas mic de lapte și bateți cu un spumant de lapte până devine spumos. Se intinde pe caramelul de cafea si se serveste imediat.

## 11. Cafea cu lapte

**ingrediente**

- 250 ml cafea
- 250 ml lapte (1,5% grăsime)

**Etape de pregătire**

1. Fierbe cafeaua, incalzeste laptele si spuma cu mini-chirl. Împărțiți cafeaua în 4 căni, turnați laptele și puneți spuma cu o lingură.

## 12. Cafea cu cardamom

**ingrediente**

- 200 ml lapte integral
- 1 pastaie de cardamom
- 1 pudră de cacao
- 400 ml de cafea proaspăt preparată
- Zahăr după gust

**Etape de pregătire**

2. Se incinge laptele cu capsula de cardamom presat si cacao si se lasa la infuzat aproximativ 10 minute. Se toarnă printr-o sită

și se distribuie jumătate din cafea între cești. Restul se amestecă cu un spumant de lapte și se toarnă pe cafea.
3. Serviți și îndulciți după gust.

## 13. Espresso rece

**ingrediente**

- 40 ml espresso
- al 4-lea cuburi de gheață
- 60 ml lapte condensat (7,5% grăsime)

**Etape de pregătire**

1. Pregătiți espresso-ul conform instrucțiunilor de pe pachet. Pune imediat asta la rece pentru aproximativ 30 de minute.
2. Puneti cuburi de gheata intr-un pahar si turnati peste el espressoul rece.

3. Turnați încet laptele condensat în pahar folosind o lingură și serviți imediat.

## 14. Mocha rece ca gheata si shake de menta

**ingrediente**

- 600 ml espresso puternic
- 150 g zahăr
- ciocolata cu menta pentru garnitura
- sirop de ciocolata cu menta dupa gust

**Etape de pregătire**

1. Dizolvați zahărul în espressoul fierbinte. Lăsați cafeaua să se răcească, apoi puneți-o la congelator și amestecați energic timp de 2-3 ore aprox. La fiecare 20 de minute. Dacă

lichidul constă aproape în întregime din cristale de gheață, atunci piureați o dată cu blenderul de mână sau într-un blender.
2. Asezonați după gust cu sirop de ciocolată cu mentă. Umpleți granita în 4 căni de sticlă și serviți garnisită cu ciocolată cu mentă

## 15. Cafea cu rom cu smântână

**ingrediente**

- 25 g cafea macinata grosier (4 lingurite)
- 150 ml frisca
- 4 bucăți de zahăr pentru a mai gusta
- 160 ml rom brun
- așchii de ciocolată pentru stropire

**Etape de pregătire**

1. Aduceți 600 ml de apă la fiert, turnați praful de cafea într-un vas preîncălzit și umpleți cu apă. Lăsați-l la infuzat timp de 5 minute.

2. Bateți smântâna până devine spumoasă. Clătiți paharele cu fierbinte, adăugați 1-2 cuburi de zahăr cu 4 cl rom, turnați cafeaua printr-o sită cu ochiuri foarte fine și puneți puțină smântână pe fiecare blat. Se servesc stropite cu așchii de ciocolată.

## 16. Reteta de cafea cu bomboane

**Ingrediente ale rețetei de cafea cu bomboane:**

- 20 g sirop de ciocolată
- 20 g lapte condensat
- 150 ml cafea Santa Clara proaspăt preparată

**Amesteca totul si bucura-te!**

## 17. Crema de cafea bavareza

**Ingrediente pentru crema de cafea bavareza**

- 1 lingura de cafea instant
- 1 cană de gheață zdrobită
- 1 lingură de pudră de cacao (sau Chocolatto) ½ cană de lapte
- 25 ml de gelatină nearomatizată dizolvată în 1 lingură de apă caldă
- 4 gălbenușuri
- 1 lingura de zahar
- 1 cană de ceai cremă

**Cum se prepară rețeta de cremă de cafea bavareză**

1. Intr-un blender se pune cafeaua, gelatina, laptele si se bate pana se dizolva totul.
2. Adăugați cacao/Chocolatto, zahăr, bateți din nou.
3. La final se adauga smantana, galbenusurile de ou si gheata pisata. Atingeți din nou. Se pune in pahare si se da la frigider pentru 2 ore. Serviți cu fructe de pădure.

## 18. Cafea cu gheata cu inghetata

### Ingrediente

- 1 paletă de nucă de cocos arsă
- 200 ml cafea cu gheata cu lapte 3 inimioare.

### Modul de pregătire

1. Amestecă cafeaua într-un blender cu popsicle de nucă de cocos ars.
2. Se pune intr-un pahar de milkshake si se serveste imediat.

## 19. cafea cu gheata cu nuca de cocos si caramel

**Ingrediente**

- 1 lingurita de Pimpernel solubil
- 50 ml apă fierbinte
- 100 ml lapte de cocos
- 50 ml lapte
- 50 ml apă de cocos
- 1 lingurita de zahar (poate fi zahar de cocos)
- Sirop de caramel
- frisca

**Pregătirea**

1. Pregătiți cafeaua instant cu 50 ml apă fierbinte. Așteptați să se răcească. Se pune intr-o tava pentru cuburi de gheata, impreuna cu apa de cocos si se lasa sa se raceasca.
2. Când este sub formă de gheață, bateți într-un blender cu laptele, laptele de cocos și zahărul. Se aseaza intr-un pahar si se acopera cu frisca si sos de caramel.

## 20. Shot Cappuccino cu vanilie și sare

**Ingrediente**

- 1 lingură de înghețată de vanilie de bună calitate (foarte mare)
- 2 linguri de Cappuccino Classic 3 Hearts
- 1 lingurita de sare roz de Himalaya (rezervati ½ lingura pentru a presara deasupra)

**Pregătirea**

1. Amestecați înghețata, cappuccino și jumătate de linguriță de sare într-un blender.
2. Puneți în pahare și congelați timp de 2 ore. La servire, presara deasupra sarea ramasa.

# RETETE DE PRATIT

### 21. Brownie de cafea cu nucă de cocos

**Ingrediente:**

- 1 cutie Ready Mix pentru brownies
- 3 oua
- 1/3 cană ulei vegetal
- 60 ml de cafea preparată
- 200 g nucă de cocos rasă

- 1 cană de migdale prăjite
- ¼ linguriță de extract de migdale
- 1 cutie de lapte condensat
- Husa de ciocolata

**Preparare:**

1. Preîncălziți cuptorul la 180 C. Într-un castron puneți amestecul gata făcut pentru brownies, ouă, cafea și ulei vegetal și amestecați până se omogenizează bine. Se pune amestecul intr-o tava unsa cu unt si se coace 20 de minute sau pana cand o scobitoare introdusa in centru iese aproape curata.
2. În timp ce brownies-urile se coace în cuptor, amestecați nuca de cocos, migdalele, extractul și laptele condensat până se încorporează bine. Odată ce brownies-urile sunt potrivite, scoateți-le din cuptor și întindeți cu grijă amestecul de nucă de cocos deasupra. Introduceți forma la cuptor pentru încă 15 minute.
3. Se lasa sa se raceasca 1 ora si se orneaza cu glazura de ciocolata.

## 22. Tort cu fructe confiate

**Ingrediente:**

- 1 1/3 cană (ceai) de fructe uscate confiate înmuiate în 1 cană de cachaça
- 2/3 cană zahăr brun
- 7 linguri de unt îmbuteliat
- 1 cană de lapte ☐ 1 ou bătut
- 2 ¼ cană de făină de grâu
- 1 lingura de praf de copt
- 1 lingurita de ghimbir ras
  1 lingurita si scortisoara macinata

☐

**Pregătirea**

1. Puneți fructele uscate, untul, zahărul și laptele într-o tigaie. Se incinge la foc mic pana se topesc untul si zaharul. Rezervă. Într-un castron, amestecați făina, drojdia și condimentele. Faceți o gaură în mijloc și adăugați amestecul de fructe uscate. Se pune oul batut. Amesteca totul bine cu o spatula de silicon.
2. Se pune intr-o tava englezeasca unsa si se coace in cuptorul preincalzit la 180 de grade pentru aproximativ 50 de minute.

## 23. Cupcake cu cafea de Crăciun

**Ingrediente**

- 1 cană făină de grâu
- 1/2 cană zahăr
- 1 cană pudră de cacao
- 1 lingurita drojdie chimica
- 1/2 lingurita de bicarbonat de sodiu
- 1 lingurita de cafea instant Pimpinela
- 2 lingurite de scortisoara pudra
- 1/4 linguriță pudră de cuișoare
- 1/2 lingurita de ghimbir pudra
- 1/2 lingurita de sare

- 1/2 cană de lapte
  1/4 cană ulei vegetal
- 1 ou mare
- 1/2 lingurita esenta de vanilie ☐ 1 cana de apa foarte fierbinte.

**Pregătirea**

1. Preîncălziți focul la 180 de grade. Puneți tigăile pentru cupcake în tavă.
2. Într-un bol, puneți făina, zahărul, cacao, bicarbonatul de sodiu, drojdia chimică, cuișoarele, scorțișoara, ghimbirul și cafeaua. Se amestecă bine și se lasă deoparte. Intr-un mixer pune uleiul, oul, laptele si vanilia. Adăugați ingredientele uscate rezervate și bateți la viteză medie până se omogenizează bine. Adăugați apă fierbinte și bateți la viteză mare încă 1 minut pentru a se aera. Împărțiți aluatul uniform în forme și coaceți timp de 20 de minute, sau până când puneți o scobitoare și iese uscată.

## 24. Prajitura de manioc cu cafea si nuca de cocos

**Ingrediente**

- 3 căni de manioc crud (cassava) într-un robot de bucătărie
- 3 căni de ceai cu zahăr
- 3 linguri de unt
- ¼ de cană de cafea Santa Clara strecurată
- ¼ cană de lapte
- 3 albusuri
- 3 pietre prețioase
- ½ cană de parmezan ras
- 100 de grame de nucă de cocos rasă
- 1 lingura de praf de copt
- 1 praf de sare

**Pregătirea**

1. Pune maniocul în procesor, pune-l într-o cârpă, stoarce-l bine și aruncă laptele. Întindeți aluatul într-o formă și lăsați deoparte. Într-un mixer electric, bate zahărul și untul. Cand devine albicioasa se adauga galbenusurile, branza rasa, cafeaua si laptele. Bateți până când toate ingredientele sunt bine încorporate. Adăugați masa de manioc și nuca de cocos. Se amestecă cu o spatulă. La final, drojdia si albusurile in zapada, amestecand cu o spatula. Coaceți într-o tavă unsă la alegere în cuptorul preîncălzit la 180 de grade pentru aproximativ 40 de minute sau până când suprafața devine maro aurie.

## 25. Banana cu cafea de ciocolata

**ingrediente**

- 2 linguri suc de lamaie
- 1 lingura zahar
- 1 praf pulpa de vanilie
- 1 banană
- 2 linguri sirop de ciocolata
- 400 ml cafea fierbinte proaspăt preparată
- 150 ml lapte
- pudră de cacao pentru stropire Etape de pregătire

1. Se pune sucul de lamaie la fiert cu zaharul, vanilia si 100 ml apa intr-o cratita. Curăță și

cubulețe banana. Se toarnă în cratiță, se fierbe timp de 1-2 minute și se ia de pe foc. Lasam sa se raceasca putin, apoi umplem in 4 pahare.

2. Se amestecă siropul cu cafeaua și se toarnă cu grijă peste banane, cu excepția a 2 linguri. Încălziți restul de cafea cu laptele și amestecați până devine spumos. Se toarna peste cafea si se serveste presarata cu putina cacao.

## 26. Reteta Brownie de cafea

**Ingrediente**

- ¾ cană de ciocolată pudră
- 1 ½ cană de zahăr
- 1 lingurita de sare
- 1 ½ cană de făină
- ¼ de cană de cafea Pimpernel strecurată
- 1 lingurita de cafea instant Pimpinella
- 1 cană de chipsuri de ciocolată
- 4 oua batute
- 1 lingura de vanilie
- ½ cană de ulei vegetal
- nuci tocate
- căpșuni tocate în sticlă

**pregătire**

1. Preîncălziți cuptorul la 160 de grade
2. Într-un castron mare, amestecați bine toate ingredientele uscate.
3. Adauga ingrediente lichide si ouale batute si chipsuri de ciocolata.
4. Ungeți o tavă mare de tort (20x20cm) cu hârtie de copt.
5. Gatiti la 160 de grade timp de 30 de minute sau pana cand mediul este setat
6. Se răcește înainte de servire.

## 27. Tort cu smochine caramelizate cu cafea

**ingrediente**

- 60 g zahăr integral din trestie de zahăr
- 3 linguri de zahar granulat (pentru a presara smochinele)
- 10 smochine bio (proaspete)
- 4 ouă în aer liber (gălbenușuri și albușuri separate)
- 2 linguri cafea instant cu cereale
- 90 g faina integrala de grau
- 1 lingurita preparat de bicarbonat de sodiu

1. Pentru prăjitura de smochine caramelizate cu cafea, spălați smochinele, tăiați-le în

jumătate pe lungime, stropiți cu zahăr granulat și aranjați fructele cu partea netedă în jos pe fundul cratiței.

2. Intr-un castron se bat galbenusurile cu tot zaharul din trestie pana devine spumoasa. Se amestecă făina separat cu cafeaua și bicarbonatul de sodiu și se amestecă treptat totul cu amestecul de ouă.

3. La final, albusurile se bat spuma in zapada si se amesteca cu aluatul. Amestecați câteva linguri de zăpadă pentru a slăbi amestecul, apoi folosiți o spatulă de cauciuc pentru a îndoi zăpada rămasă în aluat cu mișcări circulare.

4. Turnați amestecul peste smochinele din tavă și coaceți timp de 25 până la 30 de minute. Prajitura este gata cand nu mai ramane aluat lipit de o scobitoare care a fost introdusa in ea cand este scoasa.

5. Scoateți din cuptor prăjitura de smochine caramelizate cu cafea terminată și întoarceți-o imediat (altfel caramelul se va lipi de tavă!). Un desert suculent.

## 28. Briose Mocha

**ingrediente**

- 3 buc ouă
- 180 ml ulei vegetal
- 120 ml cafea tare (răcită)
- 1 lingurita pulpa de vanilie
- 240 ml zară
- 210 g faina
- 170 g faina integrala de grau
- 25 g cacao pudră
- 210 g zahăr brun
- 1/2 lingurita praf de copt
- 1 lingurita de bicarbonat de sodiu

- 1/2 lingurita sare
- 100 g nuci de balenă sau nuci pecan (tocate)
- 170 g preparat fulgi de ciocolata

1. Pentru brioșele moka, preîncălziți cuptorul la 190 de grade și puneți formele de hârtie în tava pentru brioșe.
2. Amestecă ouăle, zara, uleiul, cafeaua și pulpa de vanilie într-un castron.
3. Într-un al doilea castron, combinați făina, cacao, zahărul, praful de copt, bicarbonatul de sodiu și sarea. Apoi adăugați nucile și fulgii de ciocolată.
4. Folosind o spatulă, îndoiți cu grijă ingredientele umede în amestecul de făină.
5. Se toarnă aluatul în formele de hârtie și se coace brioșele moka pentru aproximativ 20-25 de minute. Lăsați brioșele să se răcească înainte de a le mânca.

## 29. Tort simplu de cafea

**ingrediente**

- 150 g unt (topit)
- 200 g de zahăr
- 1 ou
- 250 ml cafea (neagra)
- 400 g faina (neteda)
- 1 pachet de praf de copt
- 1 pachet de zahar vanilat
- ceva preparat din coajă de lămâie (după gust).

1. Într-un castron mare, amestecați untul încălzit, zahărul și oul până devine spumos. Se adauga apoi faina amestecata cu praful de

copt, zaharul vanilat, coaja de lamaie si cafeaua.
2. Se toarnă aluatul într-o tavă unsă sau într-o tavă tapetată cu hârtie de copt (cutie, prăjitură bundt sau tavă, sau foaie de copt, după bunul plac).
3. Se coace la cca. 175°C (cuptor cu convecție) pentru cel puțin 45 de minute, apoi verificați și coaceți încă 10 minute dacă este necesar.

## 30. Tiramisu cupcake

**ingrediente**

- 1 cană (e) de lichior (sau cafea/lapte îndulcită, pentru înmuiere)

*Pentru tartele:*

- 200 g de făină
- 1 lingurita praf de copt
- 1/2 lingurita sare
- 2 oua
- 60 ml cafea (neagra)
- 1 sticlă (e) de aromă de rom (aprox. 2 ml)
- 100 g zahăr

*Pentru crema de mascarpone:*

- 2 oua (separate)
- 5 linguri de zahar
- 1 pachet de zahar vanilat
- 300 g preparat de mascarpone

1. Pentru tartele, preîncălziți cuptorul la 180 ° C și umpleți o tavă de brioșe cu cutii de hârtie.
2. Separam ouale si amestecam bine galbenusurile cu cafeaua, aroma de rom si 50 g zahar. Albusurile se bat spuma pana se taie si se amesteca cu restul de zahar.
3. Amesteca bine faina, praful de copt si sarea intr-un bol. Amestecați încet acest amestec de făină, sare și praf de copt în amestecul de gălbenuș de ou și cafea. Încorporați albușurile.

4. Turnați aluatul în forme și coaceți aproximativ 20-25 de minute.
5. Pentru crema se amesteca galbenusurile cu zaharul si se bat pana devine spumoasa. Bate albusurile spuma in zapada. Amestecați mascarpone în amestecul de ouă și adăugați albușurile. Dă-l la frigider pentru aproximativ 1 oră!
6. Scoateți cupcakes-urile din cuptor, înmuiați-le în lichior (sau cafea îndulcită) și lăsați-le să se răcească pe un grătar.
7. Scoateți crema din frigider și decorați cu ea cupcakes-urile răcite.

## 31. Găluște cu arahide

**Ingrediente pentru prăjitură:**

- 2 căni de făină de grâu cernută
- 1 lingura de praf de copt
- ½ cană de alune prăjite nesărate
- ½ cană de zahăr
- 5 linguri de unt
- 1 ou bătut
- ½ cană de cafea extra tare 3 inimi
- ¼ cană de lapte

*Pentru acoperire:*

- ¼ cană de făină de grâu cernută
- 1 lingura de unt
- ¼ cană de arahide prăjite nesărate
- 1 lingurita de cafea solubila 3 inimi
- 1 ½ lingură de zahăr brun

**Pregătirea**

1. Într-un castron, amestecați făina, drojdia, alunele și zahărul. Adăugați untul și, cu o furculiță, faceți să incorporeze ingredientele uscate.
2. Intr-un alt recipient se bate oul si se adauga laptele si cafeaua. Adăugați ușor acest amestec la ingredientele uscate. Distribuiți

aluatul în forme și pregătiți toppingul. Se amestecă făina și untul până capătă o consistență granuloasă. Adăugați alunele, cafeaua și zahărul și amestecați ușor cu o spatulă. Presărați acest topping peste găluște. Coaceți în cuptorul preîncălzit la 200 de grade timp de 20 până la 25 de minute.

## 32. Briose cu cafea irlandeză

**ingrediente**

- 1 lingurita de cafea
- 400 g zară
- 130 g faina (neteda)
- 130 g faina (la indemana)

- 1 pachet de praf de copt
- 1 praf de bicarbonat de sodiu
- 80 g nuci (tocate)
- 130 g zahar (maro)
- 1 ou
- 70 ml ulei vegetal
- 40 ml de whisky
- Pregătire 12 cutii de hârtie de copt

1. Se dizolvă cafeaua în zara.
2. Într-un al doilea castron, amestecați făina, praful de copt, bicarbonatul de sodiu și nucile mărunțite.
3. Apoi adăugați oul bătut, zahărul, uleiul și whisky-ul la amestecul de zară.
4. Apoi adăugați amestecul de făină.
5. Puneți formele de hârtie de copt în tava pentru brioșe și umpleți cu aluat (puteți pune și jumătate de nucă pe aluat).
6. Pune brioșele în cuptorul preîncălzit (160°C, cuptor ventilat) pentru aproximativ 20 de minute.

## 33. Tort cu banane cu cafea

**Ingrediente**

- 4 banane pitice mari, foarte coapte
- 1 cană (ceai) de pesmet
- 1 cană (ceai) de zahăr
- 4 ouă
- 3/4 cană de ulei de floarea soarelui sau de porumb
- 100 g de nuci braziliene tocate
- 1 lingura de 3 Gourmet Coffee
- 1 lingură (desert) de drojdie chimică

**Pregătirea**

1. Într-un blender, batem bananele cu ouăle și uleiul. Se adauga faina, zaharul si cafeaua, batand continuu.
2. Adăugați castanele și drojdia, amestecând ușor. Coacem intr-o forma unsa cu unt in cuptor la 180°C pentru aproximativ 40 de minute.

## 34. Tort cu inghetata cu cafea suprema Espresso Tres

### Ingrediente

- 1 cană (cafea) de cafea tare preparată
- Felii de colomba (½ colomba)
- inghetata cat de cat suficienta
- 1 capsulă de cafea TRES Supreme Espresso (sau preferatul tău)
- 150 de grame de ciocolată demidulce să se topească
- 2 linguri de smantana

**Mod de preparare**

1. Tapetați o formă de tort cu folie de plastic. Se pune un strat de inghetata.
2. Adăugați feliile de Colomba. Stropiți cu cafeaua strecurată. Se adauga inghetata, apoi Colomba, udandu-se succesiv cu cafeaua pana la capatul tigaii. Pune la congelator timp de 1 ora.
3. Faceți ganache-ul adăugând ciocolata topită, espresso și smântână. Acoperiți tortul cu ganache înainte de servire.

## 35. Pandișpan

**ingrediente**

- 1/2 l lapte
- 15 g praf de budincă de vanilie
- 1 galbenus de ou
- 5 g zahăr
- 12 zile Rama
- 12 zile Koketta
- 2 pachete. Degete de femeie
- Preparat de cafea (rece amestecată cu un strop de rom).

1. Pentru pandișpan, aduceți la fiert laptele, praful de budincă de vanilie, gălbenușul de ou și zahărul, amestecând continuu.
2. Puneți Rama și Koketta în paharul de mixare și adăugați imediat amestecul fiert și încă fierbinte în paharul de mixare. Se amestecă la cel mai înalt nivel timp de 2 minute. Acum lăsați amestecul să se odihnească la frigider timp de 12 ore.
3. Bateți crema cu un mixer manual.
4. Înmuiați degetele într-un amestec de cafea-rom și stratificați alternativ cu frișca în tava de tort.
5. Decorați pandișpanul cu frișcă și căpșuni după dorință.

## 36. Brioșă de cafea instant

**Ingrediente**

- 4 gălbenușuri
- 4 albusuri
- 3 ½ linguri de zahăr
- 2 ½ linguri de amidon de porumb
- 1 lingură (desert) de cafea solubilă 3 Inimi tradiționale
- 4 linguri de nucă de cocos rasă
- 4 linguri de ciocolată granulată

**Mod de preparare**

1. Bate galbenusurile cu zaharul pana se alb.
2. Adăugați treptat amidon de porumb, cafea instant, ciocolată și nucă de cocos.
3. Scoatem dintr-un mixer electric si punem usor albusurile.
4. Coaceți în rame unse individuale timp de 30 de minute la 180 °C. După prăjire, stropiți cu zahăr zaharat.

## 37. Tort cafea cu lapte

**Ingrediente**

- 1 capsula de cafea TRES cu lapte
- 3 oua
- 4 banane foarte coapte
- 2 căni de ovăz rulat
- 1 pahar de caise tocata
- 1/2 ceasca de nuci tocate
- 1/2 cană de stafide
- 1/2 cană de prune negre tocate
- 1 lingura de drojdie

**Ingredient**

1. Într-un castron, combinați ovăzul, nucile, caisele, stafidele și prunele.
2. Bateți ouăle cu bananele într-un blender. Adăugați cafeaua cu lapte.
3. Puneți drojdia cu ingredientele uscate în bol și amestecați bine.
4. Adăugați bananele bătute cu ouăle, amestecați bine și puneți totul într-o tavă englezească unsă pentru prăjitură la cuptorul preîncălzit (180°C) până devin aurii. Dacă vrei, presară zahăr pudră sau scorțișoară.

## 38. Tort cu dovlecei cu cafea espresso

**Ingrediente**

- 320 g zahăr
- 300 g faina de grau
- 100 g făină de migdale
- ½ linguriță de bicarbonat de sodiu
- 1 ½ lingură de drojdie pudră
- 500 g dovlecel ras
- 3 oua
- ½ lingură de extract de vanilie
- 2 lingurite de scortisoara pudra
- ½ lingurita de nucsoara
- 1 lingurita de ghimbir ras

½ lingurita de sare
200 ml ulei de canola sau de porumb
- 50 ml de Espresso Ameno TRES
- 150 g zahăr pudră
- 150 g de zahăr obișnuit

**Pregătirea**

1. Intr-un mixer adauga uleiul, zaharul, ouale si vanilia. Bateți la viteză mare până când amestecul devine albicios (aproximativ 10 minute).
2. Între timp, într-un bol, amestecați împreună făina, scorțișoara, nucșoara, ghimbirul, sarea și bicarbonatul de sodiu. Amesteca bine. Adăugați conținutul în mixer. Bateți timp de 15 minute sau până la omogenizare.
3. In afara mixerului se adauga dovlecelul si drojdia, amestecand bine dar usor. Pune totul pe o tavă detașabilă unsă cu unt și făină. Se pune la cuptor la 190°C pentru aproximativ 50 de minute.
4. Combina cele doua zaharuri intr-un bol si pune cafeaua espresso blanda deja rece. Se amestecă bine până se formează un glazur.
5. Se pune pe tortul finit cat este inca fierbinte. Se serveste cu o lingura de frisca.

## 39. Brownie cu unt de arahide și cafea

**Ingrediente**

- 250 g de ciocolată neagră topită
- 1 lingura de cafea instant Santa Clara
- 1 lingura de unt in unguent
- 3 oua
- 1 cană de zahăr
- $\frac{3}{4}$ cană de făină de grâu bine cernută
- 1 lingurita esenta de vanilie
- $\frac{1}{2}$ cană de unt de arahide
- 1 lingura de unt in unguent
- 2 linguri de zahar

1 aceasta

1 lingura de faina de grau

**Pregătirea**

1. Într-un castron amestecați ciocolata topită și cafeaua instant cu pasta de unt. Adaugam ouale, zaharul, esenta de vanilie si amestecam bine.
2. La final, includeți făina de grâu, amestecând-o bine. Rezervă.
3. Amestecați untul de arahide cu untul, oul, zahărul și făina. Asigurați-vă că este o pastă foarte fină.
4. Într-o formă unsă cu unsoare, turnați aluatul în aluat, amestecând ciocolata cu alunele.
5. Cu o lingură sau o furculiță, trageți un suport pe celălalt pentru un efect marmorat. Coaceți în cuptorul preîncălzit (180°C) timp de 25 până la 30 de minute.

## 40. Prajitura cu crema de branza espresso cu alune

**ingrediente**

*Pentru crusta de nuci:*

- 300 g miez de alune
- 60 g unt
- 100 g zahăr
- 1 lingura miere lichida ☐ Pentru umplutura:
- 500 g ricotta (cremoasa)
- 200 g crema de branza (setare crema dubla)
- 2 linguri faina
- 2 oua (M)
- 125 g zahăr

- 1 pachet de zahar vanilat
  1 lingurita de scortisoara pudra
  60 ml preparat espresso (răcit).

1. Pentru crusta de nuci a prăjiturii cu cremă de brânză espresso cu alune, preîncălziți cuptorul la 200 ° (convecție 180 °). Așezați sâmburii de alune pe o foaie de copt și prăjiți la cuptor (în centru) timp de 6-10 minute până când coaja se sparge și se înnegrește. Scoateți, puneți pe un prosop de bucătărie și frecați coaja cu el. Coborâți cuptorul la 180 ° (convecție 160 °).
2. Tapetați fundul și marginea tăvii cu hârtie de copt. Lăsați sâmburii de alune să se răcească aproximativ 30 de minute.
3. Tăiați aproximativ 2 linguri de nuci și lăsați deoparte.
4. Se topește untul, se amestecă cu zahărul și mierea și se lasă să se răcească puțin. Măcinați fin nucile rămase în tocatorul blitz și amestecați în amestecul de unt. Turnați amestecul de nuci în formă și întindeți-l pe fund și pe margine cu o lingură. Apoi dam la rece forma cu amestecul.

5. Pentru umplutură, amestecați ricotta și crema de brânză cu mixerul de mână până se omogenizează.

   Se amestecă făina, apoi se amestecă treptat ouăle până când amestecul este omogen. Se amestecă zahărul, zahărul vanilat, pudra de scorțișoară și espresso.
6. Întindeți umplutura pe baza de aluat. Coaceți la cuptor (în centru) timp de 35-40 de minute. Prajitura este gata cand "tremura" usor cand atingi centrul tavii. Scoateți tortul și lăsați-l să se răcească câteva ore pe un grătar.
7. Inainte de servire scoatem prajitura cu crema de branza espresso cu alune din forma si stropim cu alunele care au fost puse deoparte.

## 41. Tort cu spelta de ciocolata

**ingrediente**

*Aluat:*

- 300 g faina de spelta
- 200 g migdale (măcinate)
- 150 de grame de zahăr
- 1/2 pachet praf de copt
- 4 buc ouă
- 1 cană (e) de cafea (rece)

*Acoperire:*

- 180 g unt
- 150 g ciocolată neagră

- 1 praf de sare preparat

1. Pentru prajitura de ciocolata cu spelta, amestecati uscat faina de spelta, migdalele macinate, zaharul si praful de copt. Batem apoi ouăle și cana rece de cafea, amestecăm cu ingredientele rămase și întindem aluatul ușor curbat pe o foaie de copt. Se coace la 200°C aproximativ 20 de minute.
2. Lasam prajitura de ciocolata cu spelta sa se raceasca si acoperim cu acoperire inchisa.
3. Stropiți cu multă dragoste.

## 42. Tort cu iaurt

**ingrediente**

- 4 buc ouă
- 300-400 g de făină
- 1 cană de iaurt
- 200-300 g zahăr pudră
- 100 - 200 g unt (daca este posibil taiat cubulete)
- Dulceata (pentru intindere)
- 1 praf de sare (fara sare de mare altfel prea sarata)
- 1 pachet de praf de copt
- 1 pachet de preparat zahar vanilat

1. Pentru prajitura cu iaurt, separam ouale si batem albusurile spuma in zapada (nu uita de praful de sare). Topeste untul.
2. Adăugați untul topit, zahărul pudră, zahărul vanilat și praful de copt la gălbenușurile de ou și amestecați.
3. Încorporați alternativ albușurile bătute spumă, făina și borcanul cu iaurt, lejer și ușor.
4. Ungeți puțin o tavă de copt la alegere cu unt și făină (prăjitura poate fi apoi îndepărtată ușor după coacere). Turnați amestecul de aluat în formă și coaceți la 200 - 220 ° C.

5. Dupa copt si racit, taiem prajitura cu iaurt in jumatate si intindem cu dulceata.

## 43. Tort cu mac Flower power

**ingrediente**

Pentru o tava de tort de 25 cm:

- 6 ouă
- 200 g semințe gri (răzuite)
- 100 g migdale (rasate)
- 50 g ciocolata (rasa)
- 80 g zahăr din trestie
- 250 g unt (moale)
- 1 lingura zahar vanilat

- 1 buc. Portocala (doar coaja)
- 1/2 lamaie (doar coaja)
- 1 praf de sare magica Sonnentor (fină)
- Tartina de fructe de coacaze negre (sau similar)

*Glazură:*

- 250 g zahăr pudră
- 2 linguri de apă
- 2 linguri suc de lamaie
- Amestec de flori de condimente flow power

**pregătire**

1. Pentru prăjitura cu mac Flower Power, separați ouăle în gălbenușuri și limpeziți, amestecați semințele de mac cu migdale și ciocolată.
2. Amestecați untul cu zahărul pudră, un praf de sare, zahărul vanilat, coaja de portocală și de lămâie până devine spumos. Se amestecă treptat gălbenușurile și se amestecă bine până devine spumă.
3. Albusul se bat spuma cu zaharul din trestie de zahar brut pe zapada cremoasa si se adauga in

amestecul de unt alternativ cu amestecul de mac, migdale si ciocolata.
4. Se toarnă amestecul într-o tavă cu arc unsă, unsă cu făină, se coace la 160 ° C pentru aprox. 50 de minute, scoateți din formă după răcire și răsturnați-o pe o farfurie.
5. Pasta tartina de fructe, presa-l printr-o sita, incinge-l si intinde-l subtire deasupra si in jurul prajiturii.
6. Pentru glazură, amestecați ingredientele într-o masă netedă și groasă. Amestecați florile de condimente flower power și glazurați tortul.

## 44. tort de cirese

**ingrediente**

*Pentru aluat:*

- 200 g unt
- 200 g zahăr pudră
- 200 g de făină
- 40 g amidon de porumb
- 5 ouă
- 1 pachet de zahar vanilat

*Pentru tabla:*

- 400 g cireșe

**pregătire**

1. Spălați, scurgeți și curățați cireșele.
2. Preîncălziți cuptorul la 180 ° C aer cald. Tapetați tava cu hârtie de copt.
3. Separați ouăle și bateți albușurile în zăpadă. Pentru a face acest lucru, bate albușul până devine alb și apoi amestecă jumătate din cantitatea de zahăr.
4. Se amestecă untul, zahărul rămas, gălbenușul și zahărul vanilat până devine spumos.
5. Cerneți făina și amidonul de porumb împreună, astfel încât să nu fie găuri în prăjitura cu cireșe.
6. Amestecați ou-zahărul-zăpada alternativ cu amestecul de făină în masa de gălbenușuri.
7. Se intinde aluatul pe hartie de copt si se acopera cu cirese.
8. Coacem prajitura cu visine aproximativ 15-20 de minute, lasam sa se raceasca, adaugam zahar daca doriti si taiem bucatele de orice marime.

## 45. Tort cu portocale de ciocolata cu stevia

**ingrediente**

- 4 piese. proprietar
- 30 g suc de agave
- 20 g smantana
- 4 lingurite de granule de stevia
- 1 1/2 linguriță de scorțișoară pudră
- 1 lingurita pudra de vanilie bourbon
- 1 praf de pudră de cuișoare
- 2 linguri rom
- 1 buc. Portocala (suc si coaja)
- 90 g lapte de cocos
- 3 linguri lapte (sau lapte de soia)

- 90 g faina integrala de spelta
- 35 g migdale (măcinate)
- 2 linguri cacao
- 10 g pesmet de cereale integrale (pesmet)
- 1 pachet de preparat praf de copt tartru

1. Pentru prajitura cu ciocolata si portocale, despartim ouale si punem deoparte albusul.
2. Se amestecă gălbenușul (gălbenușul de ou), siropul de agave, smântâna, stevia, scorțișoara, vanilia, cuișoarele, romul și coaja de portocală până se omogenizează.
3. Amesteca laptele de cocos, laptele si sucul de portocale intr-un bol si adauga.
4. Când faceți acest lucru, setați blenderul la un nivel scăzut, deoarece masa este foarte lichidă.
5. Se amestecă făina, migdalele, cacao, pesmet (pesmet) și praful de copt împreună.
6. Se amestecă cu masa.
7. Încorporați albușurile spumă spumă, umpleți în formă și coaceți în cuptorul preîncălzit la 180 ° C pentru 40-45 de minute.

## 46. Tort cu seminte de dovleac cu crema de rom

**ingrediente**

*Pentru prajitura cu seminte de dovleac:*

- 8 buc. Galbenusuri de ou
- 200 g zahăr granulat
- 8 g pesmet
- 200 g seminte de dovleac (macinate)
- 1 pachet de zahar vanilat
- 2 linguri rom
- 8 bucăți de albuș
- Unt și făină (pentru tigaie)

*Pentru crema de rom:*

- 200 ml frisca
- 4 cl lichior de ou
- 1 shot de rom
- 1 lingurita de preparat zahar vanilat

1. Pentru prajitura cu seminte de dovleac se bate galbenusul cu 1/3 din zaharul granulat, un praf de sare si zaharul vanilat pana devine foarte spumos.
2. Se amestecă semințele de dovleac din Stiria măcinate fin, făina, romul și pesmetul și făina alternativ cu albușul de ou, care se bate cu zahărul rămas până se întărește.
3. Tapetați fundul unei forme de tort de dimensiuni medii cu hârtie de copt, ungeți marginea cu unt și pudrați cu făină.
4. Se toarnă amestecul de prăjitură și se coace la 170°C timp de aproximativ 40 de minute până când se rumenește deschis.
5. Pentru crema de rom se bate frisca pana devine semi-tasa, se amesteca usor lichiorul de ou, romul si 1 lingurita zahar vanilat si se toarna o lingura peste bucatile de prajitura.

## 47. Briose cafea-alune-ciocolata

**ingrediente**

- 280 g Mehl
- 210 g zahăr
- 3 ouă
- 2 pachete de zahar vanilat
- 150 g unt (topit)
- 50 ml lapte
- 150 ml Kaffee (kalt)
- 1 pastaie de vanilie (pulpa acesteia)
- 4 linguri alune de pădure (răzuite)
- 2 linguri de preparat ciocolată cu lapte

(răzuită).

1. Pentru brioșele cu cafea, alune și ciocolată, preîncălziți cuptorul la 150 de grade. Se unge forma de briose cu unt si se presara cu faina. Sau aliniați cu cutii mici de hârtie pentru brioșe.
2. Se amestecă zahărul, zahărul vanilat, pulpa unei păstăi de vanilie și cele 4 ouă până devine spumos. Se amestecă făina, praful de copt, nucile și ciocolata împreună.
3. Se topește și se amestecă untul. Se amestecă laptele și cafeaua. La sfârșit, amestecați ouă și zahăr.
4. Brioșele cu ciocolată cafea-alune la cuptor se coace 25-30 de minute la 180 de grade.

## 48. Tort rapid de cafea cu nuci

**ingrediente**

- 4 ouă
- 1 praf de sare
- 100 g nuci (razuite fin)
- 1 pachet praf de cafea cu gheata (20 g)
- 2 linguri de zahăr pudră
- 1 doză de rom de cireșe
- 1 cană de preparat frișcă

1. Pentru prăjitura rapidă cu cafea cu nuci, separați mai întâi ouăle. Bate albusurile spuma cu un praf

   de sare până se întărește. Bateți gălbenușurile și zahărul pudră până devine spumos.

2. Amestecați praful de cafea cu gheață, nucile rase și romul de cireșe în amestecul de gălbenușuri. Puneți albușurile spumă și întindeți amestecul într-o tavă mică unsă și unsă cu făină (diametru 20 cm).

3. Se serveste cu frisca si nuca rasa grosier. Se coace la cca. 170 ° C.

## 49. Tort cu nuci

**ingrediente**

- 200 g unt
- 250 de grame de zahăr
- 1 pachet de zahar vanilat
- 5 gălbenușuri
- 1 praf de scortisoara
- 180 g alune de pădure (răzuite sau nuci)
- 120 g faina (la indemana)
- 3 lingurite de praf de copt
- 5 bucăți de albuș

- 100 g preparat de ciocolata (tocata fin).

1. Pentru prajitura cu nuci, amestecati untul pana devine spumos si adaugati treptat zaharul, zaharul vanilat, galbenusul, scortisoara, nucile si faina amestecata cu praful de copt.
2. Bateți albușurile spumă în zăpadă tare. Ridicați ciocolata tocată sub zăpadă și pliați această masă în aluat. Se pune amestecul într-o formă bine unsă, mărunțită.
3. Se coace cu aer cald la 180°C timp de aproximativ 45 de minute. Lăsați să stea în cuptorul oprit timp de 5 minute înainte de a scoate.
4. Lăsați să se răcească și acoperite cu zahăr.

## 50. Tort bundt cu brânză Nutella

**ingrediente**

- 5 ouă
- 300 g de făină
- 100 g zahăr
- 250 g caș
- 200 g unt (moale)
- 200 g Nutella
- 100 g ciocolata (pentru a se topi)
- 1 lingura Nutella (pentru a se topi)
- 200 g ciocolată

pregătire

1. Ungeți o tavă cu unt și stropiți cu zahăr.
2. Se separă ouăle, se bat gălbenușurile cu zahărul până devin spumos, se bat albușurile spumă până la o zăpadă fermă.
3. Topiți Nutella cu untul și ciocolata și amestecați în gălbenușul de ou și masa de zahăr împreună cu cașul și făina cernută, adăugați albușurile, umpleți în tava Gugelhupf și coaceți la 160 ° C timp de aproximativ 45 de minute.
4. Lăsați Gugelhupf să se odihnească timp de 5 minute înainte de a-l întoarce.
5. În timp ce Gugelhupf se odihnește, topește ciocolata rămasă și Nutella.
6. Ornați brânză călduță Nutella Gugelhupf cu ciocolata lichidă și, în mod ideal, serviți cât timp este călduță.

## VEGETARIAN

## 51. Shake de cafea și banane

**Ingrediente**

- 400 ml cafea (fierbinte, tare)
- 2 linguri de zahar
- 2 banane (bucati mari)
- 1/2 pastaie de vanilie (pulpa)
- 2 linguri miez de migdale (macinate fin)
- 2 lingurite sirop de artar
- 6 cuburi de gheata
- Fulgi de cocos (pentru garnitura) Mod de preparare

1. Pentru shake-ul de cafea-banana, amestecati mai intai cafeaua cu zaharul pana se dizolva.

Răciți la frigider pentru cel puțin 30 de minute.
2. Faceți piure de cafea, banane, vanilie, miez de migdale și sirop într-un mixer manual. Adăugați cuburi de gheață și amestecați până sunt tocate grosier.
3. Umpleți shake-ul de cafea-banana în două pahare de băutură lungă și garniți cu fulgi de nucă de cocos.

## 52. Tort cu smochine caramelizate cu cafea

**Ingrediente**

- 60 g zahăr integral din trestie de zahăr
- 3 linguri de zahar granulat (pentru a presara smochinele)
- 10 smochine bio (proaspete)

- 4 ouă în aer liber (gălbenușuri și albușuri separate)
- 2 linguri cafea instant cu cereale
- 90 g faina integrala de grau
- 1 lingurita de bicarbonat de sodiu

**Pregătirea**

1. Pentru prăjitura de smochine caramelizate cu cafea, spălați smochinele, tăiați-le în jumătate pe lungime, stropiți cu zahăr granulat și aranjați fructele cu partea netedă în jos pe fundul cratiței.
2. Intr-un castron se bat galbenusurile cu tot zaharul din trestie pana devine spumoasa. Se amestecă făina separat cu cafeaua și bicarbonatul de sodiu și se amestecă treptat totul cu amestecul de ouă.
3. La final, albusurile se bat spuma in zapada si se amesteca cu aluatul. Amestecați câteva linguri de zăpadă pentru a slăbi amestecul, apoi folosiți o spatulă de cauciuc pentru a îndoi zăpada rămasă în aluat cu mișcări circulare.
4. Turnați amestecul peste smochinele din tavă și coaceți timp de 25 până la 30 de minute. Prajitura este gata cand nu mai ramane aluat

lipit de o scobitoare care a fost introdusa in ea cand este scoasa.
5. Scoateți din cuptor prăjitura de smochine caramelizate cu cafea terminată și întoarceți-o imediat (altfel caramelul se va lipi de tavă!). Un desert suculent.

## 53. Avocado cu extract de cafea

**Ingrediente**

- 2 bucăți de avocado
- 2 linguri de zahăr Farin
- 1 shot de coniac
- Extract de cafea
- Nucsoara (rasa)

**Pregătirea**

1. Pentru avocado cu extract de cafea, curățați avocado de coajă și folosiți un mixer pentru a face pulpa, zahărul și coniac.
2. Împărțiți-o în 4 boluri, turnați peste el o strop de extract de cafea și stropiți musul cu nucșoară.

## 54. Budinca Cantuccini cu sos de cafea

**Ingrediente**

- 100 g cantuccini
- 50 g amaretto
- 85 g unt (moale)
- 35 g zahăr
- 3 ou (e)
- 35 g zahăr
- 1 lingurita unt (moale)
- 2 linguri de zahar
- Pentru sos:
- 250 ml frisca
- 50 de grame de zahăr
- 2 linguri praf de cafea instant

- 1 buc galbenus

**Pregătirea**

1. Pentru budinca de cantuccini cu sos de cafea, tocam cantuccinii si amarettii foarte marunt in taietor. Se amestecă untul cu zahărul până devine spumos. Separați ouăle, amestecați gălbenușurile cu cantuccini amaretti tocați în amestecul de spumă și bateți albușul până se întărește. Presărați 35 g de zahăr, continuați să bateți până când amestecul strălucește frumos și amestecați în amestecul de spumă.

2. Se unge cu unt formele si se presara zahar, se toarna amestecul, se aseaza formele in tava adanca, se umple tava pana la aproximativ 3/4 inaltime cu apa fierbinte si se braconeaza budinca la cuptor. Se pune frisca si zaharul la fiert, se lasa la foc mic 15 minute, se strecoara.

3. Se amestecă praful de cafea și gălbenușul, se amestecă în frișca fierbinte, se aduce din nou la punctul de fierbere, dar nu se mai fierbe, se lasă să se răcească. Pentru a servi, intoarce budinca pe o farfurie si toarna peste ea sosul de cafea, presara budinca cantuccini cu sos de cafea cu zahar pudra daca vrei si orneaza cu boabe de cafea si inimioare de crema.

## 55. Glazura de albus de ou cu cafea

**Ingrediente**

- 30 g albus de ou (pasteurizat, corespunde la 1 albus)
- 200 g zahăr pudră (cernut fin, mai mult dacă este necesar)
- 30 ml rom
- 1 lingurita pudra de cafea (dizolvata in 10 ml apa)

**Pregătirea**

1. Intr-un recipient se pune albusul cu zaharul si se bate pana cand amestecul devine ferm si spumos.
2. Se amestecă praful de cafea dizolvat și romul.
3. Se încălzește puțin glazura de albuș înainte de a o aplica. Eventual dizolvați încă 10 g ulei de cocos în el.

## 56. cafea Dalgona

**Ingrediente**

- 8 lingurite de cafea instant
- 8 lingurite de zahar
- 8 lingurite apa (fierbinte)
- 100 ml lapte
- Pudră de cacao

**Pregătirea**

1. Într-un castron, amestecați cafeaua instant, zahărul și apa fierbinte cu un tel.
2. Bateți timp de 3 până la 4 minute până obțineți o consistență cremoasă.

3. Puneți cuburile de gheață zdrobită într-un pahar, turnați laptele peste ele.
4. Se toarnă masa cremoasă de cafea pe lapte, se rafinează cu puțină pudră de cacao pe cap.
5. Se amestecă o dată și se bucură.

## 57. Cafea cu banane

**Ingrediente**

- 2 banane (coapte)
- 1 strop de suc de lamaie
- 2 lingurite sirop de artar
- 1/2 lingurita scortisoara
- 4 espresso (dublu)

**Pregătirea**

1. Pentru cafeaua cu banane, mai întâi decojiți și zdrobiți bananele. Se amestecă cu suc de lămâie, sirop de arțar și scorțișoară. Împărțiți

bananele în 4 pahare mici, rezistente la căldură.
2. Pregătiți espresso-ul și adăugați câte un espresso dublu la fiecare amestec de banane (dacă este necesar, îndulciți în prealabil după gust).
3. Servește cafeaua cu banane stropită cu un praf de scorțișoară.

## 58. Cafea mai caldă sufletului

**Ingrediente**

- 500 ml cafea (fierbinte, tare)
- 1 anason stelat
- 5 păstăi de cardamom (verde)
- 75 g zahăr din trestie (maro)
- 80 ml rom
- Frisca batuta

**Pregătirea**

1. Pentru o cafea mai caldă pentru suflet, stoarceți mai întâi păstăile de cardamom într-un mojar, astfel încât semințele să se separe. Acest lucru se poate face și manual prin

simpla deschidere a capsulelor și smulgerea semințelor. Folosiți și boluri, acestea conțin multă aromă.
2. Adăugați anasonul stelat și cardamomul la cafeaua proaspăt preparată și lăsați-o la infuzat timp de 20 de minute. Încordare.
3. Indulcim cu zaharul si amestecam pana se dizolva.
4. Se aduce apoi din nou la fiert, se scoate de pe aragaz si se adauga romul.
5. Servește cafeaua mai caldă sufletească cu glugă.

## 59. Inghetata de cafea si mac cu cirese marinate

**Ingrediente**

- 1 buc. Inghetata de cafea
- 1 bucată de înghețată cu semințe de mac
  Pentru cireșe:
- 200 g cireșe (sâmbure)
- 100 ml Zweigelt
- 50 g oțet balsamic
- 1 pastaie de vanilie (terci)
- 1 baton de scortisoara Pentru decor:
- 1 baton(e) de ciocolată
- 100 ml frisca

**Pregătirea**

1. Se pune la fiert vinul rosu cu zahar, pulpa de vanilie, scortisoara si otet. Apoi puneți cireșele în el și lăsați din nou să fiarbă scurt, scoateți de pe aragaz și lăsați cireșele să se răcească în lichid.
2. Răziți ciocolata în fâșii mari cu o răzătoare, bateți frișca până se întărește.
3. Intindeti visinele pe boluri de desert, aranjati inghetata deasupra si ornati cu crema si ciocolata.

## 60. Vistula inghetata de cafea cu ciocolata cu fructe de padure marinate

**Ingrediente**

- 1 bucată de înghețată
- 1 bucată de înghețată de ciocolată
- 1 buc. Inghetata de cafea
- 1 lingura nuci caju

*Pentru fructe de padure:*

- 100 g fructe de padure (mixte, de exemplu afine, mure, coacaze, capsuni, zmeura)
- 4 linguri sirop de floare de soc

- 1 lingurita suc de lamaie
- 10 frunze de mentă

**Pregătirea**

1. Se condimenteaza fructele de padure cu siropul, menta si zeama de lamaie taiate fasii fine.
2. Tăiați grosier nucile caju.
3. Se aranjează înghețata într-un bol și se ornează cu fructe de pădure, nuci tocate și mentă proaspătă.

## 61. Latte de iarnă cu cardamom și scorțișoară

**Ingrediente**

- 1 cutie de lapte de cocos (sau frișcă vegană)
- 6 păstăi de cardamom
- 2 bat (e) scorțișoară
- 160 ml cafea
- 100 ml lapte de migdale (sau lapte de ovaz)
- Scorțișoară (măcinată, pentru stropire)

**Pregătirea**

1. Pentru latte-ul de iarnă cu cardamom-scorțișoară, puneți mai întâi laptele de cocos la frigider peste noapte.

2. A doua zi, scoateți laptele de cocos din frigider, scoateți crema de cocos călită din cutie și cu grijă, fără a o amesteca cu lichidul, turnați-o într-un bol răcit. Se amestecă cu un mixer de mână până devine cremoasă.
3. Pune păstăile de cardamom și batoanele de scorțișoară într-o cană mare și toarnă peste ele cafeaua proaspăt preparată.
4. Încălziți laptele pe aragaz la un nivel scăzut.
5. Cerneți capsulele de cardamom și scorțișoara, împărțiți cafeaua între două căni și apoi amestecați cu laptele fierbinte.
6. Turnați 2 până la 3 linguri de cremă de cocos în fiecare dintre căni și stropiți latte-ul de iarnă cu cardamom-scorțișoară cu scorțișoară.

## 62. Cafea Vis cu Stevia

**Ingrediente**

- 120 g crema de soia
- 250 g QuimiQ natural (1 pachet, alternativ 180 g Rama Cremefine pentru Ko)
- 1 lingura sirop de orez
- 2 lingurite de granule de stevia
- 2 linguri de whisky (sau coniac sau rom)
- 1/4 linguriță pudră de vanilie bourbon
- 1 cană (e) espresso mic (îndulcit cu 1/2 linguriță de granule de stevie)

Pentru decorare:

- Boabe de cafea cu ciocolată

**Pregătirea**

1. Pentru visul de cafea frisca de soia si frisca. Apoi batem QuimiQ, siropul de orez, stevia, whisky-ul și vanilia până devine spumos. Apoi adăugați cafea și amestecați bine cu blenderul la un nivel scăzut.
2. Se amestecă cu frișcă de soia, se umple în forme și se dă la frigider pentru 1 până la 2 ore.
3. Decorați cu un strop de frișcă de soia și un bob de cafea cu ciocolată.
4. Stropiți cafeaua Dream cu scorțișoară după gust.

## 63. Cappuccino de paști

### Ingrediente

- 1 ou de ciocolata (gol, mare)
- 1 espresso (dublu)
- 125 ml lapte
- 1 shot de lichior de ou
- stropi de ciocolată (opțional)

### Pregătirea

1. Pentru cappuccino cu lichior de ouă de Paște, înfășurați mai întâi oul pe jumătate din folia de aluminiu. Desprindeți cu grijă capacul din partea de sus. Pune oul într-o cană potrivită (de preferință o ceașcă de cappuccino).
2. Pregătiți proaspăt espresso-ul dublu. Chiar înainte de servire, spumați laptele într-o spumă de lapte fermă. Acum se toarnă rapid mai întâi espresso-ul, apoi niște lapte cu spumă de lapte și lichiorul de ou în oul de ciocolată.
3. Ornați cappuccino cu lichior de ouă de Paște cu stropi de ciocolată după cum doriți.

## 64. Colțuri de cafea

**Ingrediente**

- 170 g unt
- 80 g zahăr granulat fin
- 1 galbenus (sau 1 albus)
- 10 g zahăr vanilat
- 1 praf de sare
- 250 g faina de grau (neteda)
- Cremă de unt de cafea (pentru umplutură)
- Posibil niște fondant (pentru a decora)
- Dulceata de caise sau coacaze (pentru periere)

- Posibil glazură de ciocolată

**Pregătirea**

1. Procesați rapid toate ingredientele într-un aluat, puneți la frigider doar pentru scurt timp dacă este necesar.
2. Se intinde aluatul la o grosime de aprox. 2 mm și tăiați biscuiții cu un tăietor evantai. De asemenea, puteți tăia cercuri și le puteți tăia în 4 sferturi cu un cuțit.
3. Puneți feliile rezultate în formă de evantai pe o tavă de copt pregătită și coaceți la 165 ° C timp de aproximativ 12-15 minute.
4. Cand se raceste, punem cap la cap 2 compartimente cu crema de unt, imbracam capacul cu dulceata, glazuram cu fondant si, cand s-a racit, decoram cu glazura spray.
5. Poate decorați cu niște boabe de cafea cu ciocolată sau perle argintii.

## 65. Inghetata de cafea pe bat

**Ingredient**

- 480 ml cafea (in functie de dimensiunea formelor)
- putin zahar (daca este necesar)

**Pregătirea**

1. Pentru inghetata pe bat, mai intai pregatiti cafeaua ca de obicei. Dacă doriți, îndulciți cu zahăr și asigurați-vă că zahărul se dizolvă complet. Lasati sa se raceasca putin.
2. Turnați cafeaua în forme pentru palete. Congelați câteva ore.

3. Inainte de a scoate inghetata de pe bat, tine formele pentru scurt timp sub apa calduta pentru ca inghetata sa se dizolve mai usor.

## 67. Trufa Cappuccino

**Ingrediente**

- 100 g ciocolată neagră
- 150 g ciocolată moka
- 60 ml cafea (cafea turceasca)
- 65 ml frisca
- ½ lingurita unt (moale)
- 1 praf de zahar (cristal fin)

**Pregătirea**

2. Pentru trufele cappuccino, spargeți ciocolata în bucăți mici și topiți-le la abur.

3. Amesteca ciocolata topita cu untul la temperatura camerei, cafeaua si frisca.
4. Lasati sa se raceasca putin.
5. De îndată ce masa s-a răcit, separați bucăți mici de ea și formați bile de praline. Dacă vă umeziți mâinile între ele, atunci rularea este mult mai ușoară.
6. Dacă doriți, rulați trufele cappuccino în zahăr, set de nucă de cocos, nuci mărunțite sau fistic tocat și puneți-le în forme frumoase pentru praline.

## 68. Tort simplu de cafea

**Ingrediente**

- 150 g unt (topit)
- 200 g de zahăr
- 1 ou
- 250 ml cafea (neagra)
- 400 g faina (neteda)
- 1 pachet de praf de copt
- 1 pachet de zahar vanilat
- niște coajă de lămâie (după gust) Preparare

1. Într-un castron mare, amestecați untul încălzit, zahărul și oul până devine spumos. Se

adauga apoi faina amestecata cu praful de copt, zaharul vanilat, coaja de lamaie si cafeaua.

2. Se toarnă aluatul într-o tavă unsă sau într-o tavă tapetată cu hârtie de copt (cutie, prăjitură bundt sau tavă, sau foaie de copt, după bunul plac).

3. Se coace la cca. 175°C (cuptor cu convecție) pentru cel puțin 45 de minute, apoi verificați și coaceți încă 10 minute dacă este necesar.

## 69. Cafea cu gheață

**Ingrediente**

- 1 l frisca
- 1 buc. Pastaie de vanilie
- 200 g cafea mocha (foarte arsă și rasă)
- 8 buc. Galbenusuri de ou
- 400 g zahăr pudră
- Frisca (si batoane goale pentru garnitura)

**Pregătirea**

1. Pentru cafeaua cu gheata se fierbe mai intai frisca cu vanilie si se amesteca cu cafeaua mocha proaspat rasa. După ce acest amestec s-a odihnit timp de 20 de minute, gălbenușurile de ou se amestecă cu zahărul pudră până devine spumos și apoi se aliează împreună cu amestecul de cafea-cremă strecurat la foc cel mai mic.
2. Masa rezultată se răcește puternic și după ce a înghețat, se servește cafeaua cu gheață în pahare înalte, cu blat bătut și bețișoare goale.

## 70. Banana cu cafea de ciocolata

**ingrediente**

- 2 linguri suc de lamaie
- 1 lingura zahar
- 1 praf pulpa de vanilie
- 1 banană
- 2 linguri sirop de ciocolata
- 400 ml cafea fierbinte proaspăt preparată
- 150 ml lapte
- pudră de cacao pentru stropire Etape de pregătire

1. Se pune sucul de lamaie la fiert cu zaharul, vanilia si 100 ml apa intr-o cratita. Curăță și

cubulețe banana. Se toarnă în cratiță, se fierbe timp de 1-2 minute și se ia de pe foc. Lasam sa se raceasca putin, apoi umplem in 4 pahare.

2. Se amestecă siropul cu cafeaua și se toarnă cu grijă peste banane, cu excepția a 2 linguri. Încălziți restul de cafea cu laptele și amestecați până devine spumos. Se toarna peste cafea si se serveste presarata cu putina cacao.

## 71. Irish Coffee

**Ingrediente**

- 100 ml whisky irlandez
- 4 cesti de cafea fierbinte
- 3 linguri de zahăr brun
- 100 g frisca

- zahăr brut pentru prepararea garniturii

1. Încălziți bine cafeaua, whisky-ul și zahărul în timp ce amestecați și dizolvați zahărul, apoi turnați în pahare de sticlă preîncălzite.
2. Bateți ușor smântâna și serviți ca glugă pe cafea, stropită cu puțin zahăr brun.

## 72. Tartine de cafea si nuci

**Ingrediente**

- 150 g de făină
- 50 g cacao pudră (puțin dezgrasat)

- 50 g alune (măcinate)
- 1 lingurita Praf de copt
- sare
- 2 oua (marimea M)
- 150 de grame de zahăr
- 2 lingurite de cafea (solubila, aprox. 10 g)
- 6 linguri bere de rapiță
- Zahăr pudră (pentru pudrat)

**Pregătirea**

1. Pentru mușcăturile de cafea și nuci, preîncălziți mai întâi cuptorul la 180 ° C. Tapetați două foi de copt cu hârtie de copt. Se amestecă într-un castron făina, pudra de cacao, alunele măcinate, praful de copt și un praf de sare.
2. Într-un castron mare, bateți ouăle, zahărul, cafeaua instant și uleiul de rapiță cu telul mixerului de mână până devine spumos. Adăugați pe rând ingredientele uscate lingura și amestecați totul rapid pentru a forma un aluat.
3. Scoateți cu o linguriță porțiunile de aluat de mărimea unei nuci și așezați-le într-o grămadă

pe foaia de copt cu o a doua linguriță, lăsând puțin spațiu.
4. Canalul de cafea muscă în cuptor (din mijloc). Se coace 12-13 minute pe farfurie. Scoatem, scoatem de pe tava cu hartia de copt si lasam la racit pe un gratar. Pudrați cu zahăr pudră.

### 73. Tiramisu cu zmeura Nutella

### Ingrediente

- 250 g zmeură
- 250 ml frisca
- 3 oua (proaspete)
- 500 g mascarpone
- 24 de doamne

- 250 ml cafea (tare)
- 350 g Nutella
- Pudră de cacao (pentru stropire)
- Zmeura (pentru decor) Preparare

1. Faceți cafea și lăsați-o să se răcească puțin.
2. Se spală și se pasează zmeura.
3. Bateți frișca într-un bol până se întărește, amestecați ouăle într-un alt bol până devin spumos. Adaugam frisca si mascarpone, amestecam cu grija.
4. Înmuiați degetele de burețel în cafea și acoperiți fundul unui vas (ex. caserolă). Amestecați restul de cafea cu Nutella.
5. Întindeți crema de mascarpone pe biscuiți, apoi turnați deasupra crema Nutella și piureul de zmeură. Se procedează în această ordine până se epuizează toate ingredientele (termină cu crema de mascarpone).
6. Dați tiramisu la rece pentru cel puțin 2 ore.
7. Se presară cu pudră de cacao și se decorează cu zmeură înainte de servire.

## 74. Tiramisu cu banane caș

**Ingrediente**

- 250 ml cafea (tare)
- 1 shot de rom (optional)
- 200 ml frisca
- 250 g caș
- 400 g mascarpone
- 50 g zahăr pudră (sau după cum doriți)
- 4 banane
- 200 g de ladyfingers
- Preparat de pudra de cacao (pentru stropire).

1. Se fierbe cafeaua, se lasa putin sa se raceasca si se amesteca cu un strop de rom.

2. Într-un castron, bate frișca până se întărește. Se amestecă cașcavalul, macarpone și zahărul pudră. Curățați și feliați bananele.
3. Înmuiați degetele în amestecul de cafea și rom și așezați-le într-o tavă de copt. Acoperiți cu un strat de cremă de mascarpone, acoperiți cu felii de banană și degete. Continuați să măriți până când s-au folosit toate ingredientele (terminați cu un strat de cremă de mascarpone).
4. Se da la rece cel putin 2 ore si se presara cu pudra de cacao inainte de servire.

## 75. Prajitura de manioc cu cafea si nuca de cocos

**Ingrediente**

- 3 căni de manioc crud (cassava) într-un robot de bucătărie
- 3 căni de ceai cu zahăr
- 3 linguri de unt
- ¼ de cană de cafea Santa Clara strecurată
- ¼ cană de lapte
- 3 albusuri
- 3 pietre prețioase
- ½ cană de parmezan ras
- 100 de grame de nucă de cocos rasă
- 1 lingura de praf de copt
- 1 praf de sare

**Pregătirea**

1. Pune maniocul în procesor, pune-l într-o cârpă, stoarce-l bine și aruncă laptele. Întindeți aluatul într-o formă și lăsați deoparte. Într-un mixer electric, bate zahărul și untul. Cand devine albicioasa se adauga galbenusurile, branza rasa, cafeaua si laptele. Bateți până când toate ingredientele sunt bine încorporate. Adăugați masa de manioc și nuca de cocos. Se amestecă cu o spatulă. La final,

drojdia si albusurile in zapada, amestecand cu o spatula. Coaceți într-o tavă unsă la alegere în cuptorul preîncălzit la 180 de grade pentru aproximativ 40 de minute sau până când suprafața devine maro aurie.

## 76. Coffee Busserln

**Ingrediente**

- 4 bucăți de albuș de ou (120 g)
- 1 pachet de napolitane (40 mm diametru)
- 4 linguri mocha
- 200 g zahar pudra (zahar pudra)

**Pregătirea**

2. Separați ouăle pentru chipsurile de cafea. Se amestecă albușul, zahărul și mocha și se bate ferm într-o baie de apă. Scoateți din baia de apă și continuați să bateți până când masa s-a răcit.
3. Puneți napolitanele pe o foaie de copt tapetată cu hârtie de copt și aplicați amestecul în porții mici pe napolitane folosind un sac de umplere a pielii. Lăsați o mică margine a napolitanei în jurul masei - chiflele se vor desface în continuare în timpul coacerii. Dacă nu aveți napolitane acasă, puteți aplica Busserl-ul direct pe hârtie de copt.
4. Coaceți boabele de cafea la aproximativ 150 °C timp de aproximativ 30 de minute.

## 77. Espresso și vafe cu nuci de pin

**Ingrediente**

- 50 g nuci de pin
- 2 lingurite de boabe espresso
- 125 g unt (moale)
- 100 g zahăr
- 1 pachet de zahăr bourbon vanilat
- 3 oua (marimea M)
- 250 g faina de grau
- 1 lingurita praf de copt
- 75 g frisca
- 1/8 espresso (proaspăt preparat, răcit)
- 1 praf de sare
- Grăsime (pentru fierul de vafe)

**Pregătirea**

1. Pentru vafele espresso cu nuci de pin, prajiti nucile de pin intr-o tigaie pana se rumenesc si lasati-le sa se raceasca putin. Tocați mărunt boabele de espresso cu un cuțit ascuțit.
2. Bateți untul, 50 g zahăr și zahărul vanilat până devine spumos. Separați ouăle. Se amestecă gălbenușurile în crema de unt și zahăr. Se amestecă făina, praful de copt și nucile de pin și se amestecă alternativ cu frișca, espresso și boabele espresso.
3. Albusurile se bat spuma cu sarea si restul de zahar pana se ingroasa si devine cremoasa si se adauga.
4. Preîncălziți fierul de vafe, ungeți subțire suprafețele de copt. Așezați aproximativ 2 linguri de aluat în mijlocul suprafeței inferioare de copt și închideți fierul de vafe. Coaceți vafa pentru aprox. 2 minute până devine crocant și maro deschis.
5. Espressoul și vafele cu nuci de pin Se scot, se așează pe un grătar și se procedează la aluatul rămas în același mod.

## 78. Cești de cafea Biscuiți

**Ingrediente**

- 50 g unt
- 150 g de făină
- 2 linguri cacao
- 1 praf de praf de copt
- 50 g zahăr pudră
- 1 praf de sare
- 1 buc ou
- 2 linguri cafea (tare)

**Pregătirea**

1. Pentru biscuiții pentru ceașcă de cafea, tăiați untul în bucăți mici. Cerneți făina, praful de copt și cacao. Se amestecă toate ingredientele cu sare și zahăr pudră, se bat oul și se amestecă cafeaua și se frământă rapid pentru a forma un aluat omogen. Se lasa sa se odihneasca la frigider pentru aproximativ 1 ora.
2. Întindeți aluatul pe o suprafață tapetă cu făină și tăiați inimile cu un tăietor de prăjituri cu cană disponibil în comerț și așezați-le pe o foaie de copt tapetată cu hârtie de copt.
3. Coaceți biscuiții cu ceașca de cafea în cuptorul preîncălzit la 180 ° C pentru aproximativ 10 minute.

## 79. Tort cu jeleu de marmură Cappuccino

**Ingrediente**

- 125 g unt
- 150 de grame de zahăr
- 4 ouă
- 1 pachet de zahar vanilat
- 1 praf de sare
- 250 g faina (neteda)
- 1/2 pachet praf de copt
- 2 linguri lapte
- 4 linguri cappuccino pudră
- Zahăr pudră (pentru stropire) Preparare

1. Pentru cappuccino marmură ugelhupf, mai întâi bateți untul până devine spumos. Se

amestecă jumătate din zahăr împreună cu gălbenușul de ou și zahărul vanilat separat până devine spumos. Se amestecă ambele mase.

2. Cerneți făina cu praful de copt. Albusurile se bat spuma cu restul de zahar cu un praf de sare pana se intaresc. Se amestecă cu grijă pe ambele alternativ.
3. Transferați jumătate din aluat într-un al doilea castron. Amestecați pudra de cappuccino cu laptele până când nu mai vedeți cocoloașe. Se amestecă jumătate din aluat.
4. Ungeți și făinați o tavă bundt (sau stropiți cu pesmet). Mai întâi turnați lumina, apoi masa întunecată și treceți prin ea cu un băț pentru a crea o marmorare.
5. Coacem la 150°C in cuptorul preincalzit pentru aproximativ 50 de minute.
6. Întoarceți prăjitura cu jeleu de marmură cappuccino și stropiți cu zahăr pudră.

## 80. Cafea cu avocado într-un pahar

**Ingrediente**

- 4 avocado (mic, copt)
- 4 linguri lapte de migdale (dulce)
- 4 linguri de seminte de chia
- 1 praf de scortisoara pudra
- 200 g iaurt (10% grăsime)
- 600 ml de cafea

**Pregătirea**

1. Înjumătățiți avocado, îndepărtați sâmburele și îndepărtați pulpa de pe piele.

2. Se face piure cu laptele de migdale si semintele de chia si se condimenteaza cu scortisoara.
3. Împărțiți amestecul de avocado în 4 pahare cu mâner. Puneți iaurtul deasupra și turnați încet cafeaua proaspăt preparată (de preferință de la aparatul complet automat) peste spatele unei linguri.
4. Puneți un pai și serviți.

# Gustări

### 81. Cremă felii

**Ingrediente**

- 1 lingura de unt
- 3 linguri de zahar
- 200 g blat batut
- 200 ml lapte
- Preparare pâine albă (din ziua precedentă).

1. Caramelizeaza 1 lingura de unt si 3 linguri de zahar intr-o tigaie.
2. Apoi turnați frișca și laptele. Se aduce la fierbere până când zahărul s-a dizolvat.
3. Tăiați pâinea în felii și prăjiți în puțin unt limpezit pe ambele părți până se rumenește. Pune feliile de pâine într-un bol și toarnă peste ele amestecul de lapte-zahăr.
4. Aranjați fierbinte pe o farfurie și serviți cu cafea sau vin dulce (Trockenbeerenauslese).

## 82. Tort cu fructe

**Ingrediente**

- 150 g unt
- 100 g zahar pudra
- 3 galbenusuri de ou
- 2 albusuri
- 50 g zahăr granulat
- 180 g faina (neteda)
- 4 g praf de copt
- 100 ml lapte
- 100 g stafide
- 50 g coaja de lamaie (tocata)
- 50 g aranzini (tocat)

- 50 g ciocolata de gatit (tocata)
- Vanilie (sau alte zaharuri)
- coaja de lamaie (rasa)
- sare

**Pregătirea**

1. Amestecați untul cu zahărul pudră, un praf de sare, pulpa de vanilie sau zahărul și coaja de lămâie rasă până devine spumoasă. Se amestecă treptat gălbenușurile. Albusurile se bat spuma cu zaharul granulat pentru a face zapada. Îndoiți în amestecul de unt. Se amestecă făina cu praful de copt, se amestecă în amestec și se toarnă laptele. Amestecați stafidele, coaja de lămâie, aranzini și ciocolata. Turnați amestecul într-o tavă de gugelhupf acoperită cu unt și pudrată cu făină. Coacem in cuptorul preincalzit la 160°C pentru aproximativ 55 de minute.

## 83. Briose Caipirinha

**Ingrediente**

- 300 g de făină
- 1 1/2 linguriță de praf de copt
- 1/2 lingurita bicarbonat de sodiu ▯ 1 Nr.
- 300 g iaurt (natural)
- 150 de grame de zahăr
- 100 ml ulei
- 4 lime
- 50 ml rom (alb sau cachaca)
- 50 g ciocolată (albă)
- 1 lingura rom (alb)
- putina grasime (pentru forma) Preparare

2. Pentru brioșele caipirinha, amestecați mai întâi făina cu praful de copt și bicarbonatul de sodiu.
3. Preîncălziți cuptorul la 200 ° C.
4. Amestecă oul, iaurtul și zahărul într-un bol. Spălați bine limele, frecați coaja și stoarceți.
5. Se amestecă sucul și coaja a 3 lime cu rom alb. Adăugați amestecul de făină și amestecați până se umed. Ungeți cele 12 căni de brioșe și turnați aluatul. Coaceți brioșele aproximativ 25-30 de minute. Stoarceți încă o jumătate de lime și tăiați fâșii subțiri din coajă.
6. Tăiați ciocolata în bucăți și topește-o. Se amestecă sucul și romul și se întinde peste brioșele încă calde.

## 84. Bile energetice de mango nucă de cocos

**Ingrediente**

- 100 g Seeberger Mango (fructe uscate)
- 200 g curmale Seeberger (sâmburiate)
- 75 g amestec de trasee Seeberger
- 70 ml apă ☐ 2 linguri fulgi de cocos ☐ Pentru rulare:
- 2 linguri de preparat fulgi de cocos

1. Pentru bilele energetice de mango nucă de cocos, aduceți apa la fiert.
2. Combinați toate ingredientele și amestecați fin într-un blender. In functie de consistenta dorita se mai poate adauga putina apa.

3. Umeziți-vă mâinile și formați din amestec bile de aceeași dimensiune.
4. Apoi rulați în fulgi de cocos.
5. Răciți la frigider pentru câteva ore.

## 85. Terci de colț și margarete

**Ingrediente**

- 1 mar (mic)
- 12 linguri de fulgi de ovaz
- 400 ml lapte
- 3 lingurite de miere
- 6 lingurițe de flori de colț (uscate)
- 2 linguri margarete

**Pregătirea**

1. Curățați mărul, scoateți miezul și frecați partea aspră a răzătoarei.

2. Intr-o cratita se pun marul ras, fulgii de ovaz si laptele si se fierbe amestecand pana cand terciul are consistenta dorita.
3. Adăugați miere și flori de colț și amestecați. Umpleți bolurile și stropiți cu margaretele.

## 86. Budinca Colomba Cu Cafea

**Ingrediente**

- 6 felii de colomba tocata
- 150 ml de cafea Premium 3 Hearts preparată cu 150 ml apă și 2 linguri de cafea
- 100 ml suc de portocale
- 1 lingura coaja de portocala
- 1 lingura de unt in unguent
- Scorțișoară pudră după gust
- 1 lingura de zahar granulat cu scortisoara dupa gust

**Pregătirea**

1. Puneți bucățile de Colomba într-un castron. Adăugați cafeaua, untul, sucul de portocale și coaja. În cele din urmă, includeți scorțișoara.
2. Amestecam bine si punem totul intr-o forma de tort tapetata cu hartie de copt. Stropiți zahărul cu scorțișoară înainte de a-l da la cuptorul preîncălzit (180°C) pentru 40 de minute.

## 87. Sandwich cu unt de arahide și espresso

**Ingrediente**

- 1 pahar cu 200 de grame de unt de arahide
- 1 ceasca de cafea espresso (sau strecurata puternic)
- 1 pahar de jeleu de fructe roșii
- Felii de pâine la alegere

**Pregătirea**

1. Intindeti untul de arahide cu cafeaua in robotul de bucatarie.
2. Pregătiți sandvișul răspândind pe o felie untul de arahide și cafeaua și pe cealaltă dulceață de fructe de pădure. Adăugați feliile într-un sandviș și gata!

## 88. Placintă dulce cu lapte și cafea

### Ingrediente (aluat)

- 200 de grame de biscuiți cu amidon de porumb zdrobit
- 100 de grame de unt
- ½ cană de cafea fierbinte strecurată Pimpinela Golden
- 1 lingurita de drojdie chimica

### Pregătirea

1. Preîncălziți cuptorul la 180 °.
2. Topiți untul în cafea și încorporați-l treptat cu biscuitul zdrobit deja amestecat cu drojdia. Aliniați o formă de cerc detașabilă

(20 cm în diametru) la o înălțime de 1/2 cm. Coaceți timp de 30 de minute.
3. Scoateți și așteptați să se răcească.

## 89. Baton de ciocolata cu arahide

**Ingredient**

- 250 de grame de ciocolata am amestecat cu lapte si ciocolata neagra
- 400 de grame de făină
- 1 lingurita praf de copt
- Rupeți 250 de grame de unt
- Fulgi de ovaz 300 de grame
- 100 de grame de zahăr brun
- 100 de grame de nuci sărate și tocate, de preferință un amestec
- 2 ouă mici

*Pentru crema*

- 80 de grame de unt de arahide crocant
- Lapte condensat 200 ml
- 200 ml lapte de fată lapte condensat dulce și cremos

**Pregătirea**

1. Tăiați două tipuri de ciocolată - nu prea fină, nici prea grosieră. Folosește praf de copt și unt pentru a procesa făina într-un aluat fragil. Adăugați fulgi de ovăz, zahăr brun și nuci tocate și amestecați totul.
2. Într-un al doilea castron se pune o porție de pesmet (aproximativ un sfert) cu ciocolată mărunțită. Nu mai ai nevoie de acest amestec.
3. Adaugam ouale la firimiturile ramase, amestecam totul si asezam aluatul intr-o tava tapetata cu hartie de copt ca baza. Împingeți ferm în jos-Puneți un sucitor mic pe el, astfel încât totul să fie uniform și neted. Coaceți aluatul la 180 de grade în sus și în jos timp de aproximativ 15 minute.
4. Amestecați laptele condensat și laptele condensat îndulcit cu untul de arahide. Este posibil să nu fie necesară amestecarea laptelui condensat obișnuit cu o femeie de serviciu ușor plină de lapte. Totuși, cele mai

bune rezultate s-au obținut din punct de vedere al consistenței și gustului.
5. Turnați amestecul de alune și lapte într-o bază proaspăt coptă, ușor răcită. Este relativ fluid! Presărați aluatul rămas și amestecul de ciocolată pe crumble, apăsați puțin și coaceți aproximativ 20 de minute. Găsirea momentului potrivit pentru a elimina nu este ușor. Cel mai bine este să-l scoateți puțin mai repede din cuptor. Pentru că se răcește și totul devine mai greu. Tăiați-l într-un bar sau pătrat și bucurați-vă!

## 90. Biscuiti de cafea

**ingrediente**

Pentru aluat:

- 160 g faina
- 80 g zahăr pudră
- 80 g nuci
- 1 fiică ☐ 1 lingură rom
- 120 g unt
- 2 linguri cafea (tare) Pentru crema:

- 80 g unt (moale)
- 80 g zahăr pudră ☐ 2 linguri cafea (tare)

- 1 lingura rom Pentru glazura:
- 70 g zahăr pudră
- 2 1/2 linguri cafea
- 1 picatura de ulei (ulei de cocos) preparat

1. Procesați toate ingredientele într-un aluat și dați la frigider pentru 1 oră.
2. Întindeți aluatul și tăiați cercuri și coaceți la 175 ° C pentru aproximativ 8 minute.
3. Pentru crema se bate untul cu zaharul pana devine spumos si apoi se adauga incet romul si cafeaua.
4. Umple biscuitii raciti cu crema.
5. Pentru glazura amestecati totul pana obtineti o masa tartinabila.
6. Ungeți biscuiții de cafea cu glazură și decorați cu o boabă de moka.

## 91. Glazură de cafea

**ingrediente**

- 250 g zahăr pudră
- apa fierbinte
- cafea redusă
- 1 lingura preparat de lapte

1. Pentru glazura de cafea se fierbe cafeaua si se reduce incet intr-o cratita pana se formeaza o masa vascoasa. Acest lucru conferă glazurei culoarea sa frumoasă maro mocha.
2. Acum amestecați încet apa și cafeaua în zahărul pudră cernut până când se formează

un amestec neted și lichid. La sfârșit, amestecați laptele în glazura de cafea.

## 92. Cafea Busserl

**ingrediente**

- 4 bucăți de albușuri (120 g)
- 1 pachet de vafe (40 mm diametru)
- 4 linguri mocha
- 200 g zahăr pudră (zahăr pudră)

preparat

1. Separați ouăle pentru chipsurile de cafea. Se amestecă albușul, zahărul și mocha și se bate ferm într-o baie de apă. Scoateți din baia de

apă și continuați să bateți până când amestecul se răcește.

2. Puneți vafele pe o foaie de copt tapetată cu pergament și aplicați amestecul în porții mici pe vafe folosind o pungă de umplut cu piele. Lăsați o mică margine a vafei în jurul masei - chiflele se vor desprinde în continuare în timpul coacerii. Dacă nu aveți vafe acasă, puteți aplica Busserl-ul direct pe hârtie de copt.

3. Coaceți boabele de cafea la cca. 150 ° C pentru aprox. 30 minute.

## 93. Prajituri Mocha

**ingrediente**

*Aluat Mocha:*

- 125 g unt ▢ 90 g zahăr ▢ 1 Nr.
- 110 g de făină
- 60 g alune (măcinate)
- 2 linguri praf de cafea instant

*Glazură:*

- 125 g zahăr pudră
- 2 lingurite praf de cafea instant
- 3-4 linguri de apă

**pregătire**

1. Pentru fursecurile moka, amestecați untul și zahărul până devine spumos, apoi amestecați oul.
2. Se amestecă făina și alunele. Se dizolvă cafeaua în puțină apă și se amestecă. Pune grămadă mici cu 2 lingurițe pe tava de copt și coace timp de 8-10 minute la 200 °.
3. Lasati sa se raceasca. Se amestecă zahărul pudră cu cafea și apă până la o glazură. Pune cate o praf de glazura pe fiecare biscuit si decoreaza cu o boabe de moka.

## 94. Espresso-Brownie

**ingrediente**

- 500 g ciocolată amară
- 75 ml espresso (proaspăt gătit)
- 300 g unt
- 500 g zahar (maro)
- 6 oua (temperatura camerei si mediu)
- 250 g Mehl
- 2 praf de sare
- 4 linguri boabe espresso (întregi)
- Unt (pentru foaia de copt)
- Făină (pentru foaia de copt)

**pregătire**

1. Pentru brownies-urile espresso, tocați ciocolata. Aduceți espressoul, untul și zahărul la fiert și lăsați deoparte. Se amestecă 400 g de ciocolată și se lasă să se topească. Se lasa apoi sa se raceasca aproximativ 10 minute. Preîncălziți cuptorul la 180 ° C. Ungeți o tavă de copt și pudrați cu făină.
2. Se amestecă 1 ou după altul în amestecul de ciocolată timp de aprox. 1 minut. Se amestecă făina, sarea și restul de ciocolată. Întindeți aluatul pe tava de copt și presărați cu boabe de espresso. Coacem la cuptor la 160°C pentru aproximativ
3. 25 de minute.
4. Lăsați să se răcească și tăiați brownies-urile espresso în bucăți mari.

## 95. Lichior de cafea cu vanilie

**ingrediente**

- 75 g cafea boabe
- 175 g bomboane rock
- 2 pastai de vanilie
- 700 ml rom brun (40% vol.) preparat

1. Pentru lichiorul de cafea pune boabele de cafea intr-o punga de congelator si zdrobeste-le cu un ciocan, dar nu le macina.
2. Se toarnă zahărul rock și păstăile de vanilie feliate într-o sticlă curată și fiartă. Se toarnă romul și se închide foarte bine sticla.
3. Pune lichiorul la congelator timp de 1 saptamana si agita puternic in fiecare zi. Se

toarnă printr-o sită fină și se toarnă înapoi într-o sticlă. Păstrați lichiorul de cafea într-un loc răcoros și apoi păstrați-l timp de 2-3 luni.

## 96. Topping cu crema de castane pe cafea condimentata

**ingrediente**

- 200 g piure de castane (sau orez cu castane)
- 200 ml frisca
- 100 ml lapte
- 24 g preparat de zahăr pudră

1. Pentru toppingul cu crema de castane se amesteca bine toate ingredientele pana cand zaharul pudra s-a dizolvat si se formeaza un amestec cremos.

2. Turnați amestecul într-un Whipper iSi de 0,5 L, înșurubați un încărcător de cremă iSi și agitați puternic. Se da la frigider pentru 1-2 ore.
3. Adaugă 1 linguriță de zahăr vanilat, ½ linguriță de coajă de portocală și un praf de scorțișoară, ghimbir și cardamom fiecare într-o cană. Se toarnă deasupra cafea proaspăt preparată. Serviți fierbinte cu topping și savurați imediat

## 97. Cake pops cu cafea

**ingrediente**

- 160 g mascarpone
- 1 lingura espresso
- 1 lingurita lichior de cafea
- 150 g degete de doamnă (mărunțite fin)
- 110 g acoperire (albă)
- câteva picături de ulei
- 50 g preparat de acoperire (întunecat).

1. Pentru cake pops cu cafea, amestecați mai întâi mascarpone cu cafeaua și lichiorul de cafea. Apoi amestecați firimiturile de biscuiți, astfel încât să se formeze o masă

solidă care poate fi ușor modelată în bile și să nu se lipească de mâini. Întindeți bile de aceeași dimensiune și dați-le la frigider pentru aproximativ o jumătate de oră.

2. Între timp, topește acoperirea albă cu câteva picături de ulei peste o baie de apă. Înmuiați tulpinile la un capăt și introduceți-le în bile. Se pune la loc racoros pana se usuca bine ciocolata.

3. Glazurați apoi cake pops-urile cu acoperirea ușoară, întorcându-le constant. Dă din nou la rece aproximativ o jumătate de oră, astfel încât glazura să se usuce bine.

4. Între timp, topiți acoperirea întunecată cu puțin ulei. Scurgeți partea de sus a cake pop-urilor și lăsați-le să se usuce din nou într-un loc răcoros înainte de a le mânca.

## 98. Cafea cu gheață cu anason și lemn dulce

**ingrediente**

- 6 capsule Nespresso
- 1 linguriță de semințe de anason (mici; măcinate)
- 1 bat (e) de lemn dulce
- 1 lingură miere ☐ 7 frunze de mentă (proaspătă) ☐ Material cub de gheață:
- 2 glazura cu apa (110 ml)
- 1 sticlărie

**pregătire**

1. Pregătește 6 espresso-uri cu cafeaua Nespresso la alegere.
2. Puneti espresso-urile impreuna cu semintele de anason macinate, bucata din doua bucati de radacina de lemn dulce si mierea intr-un vas rece de sticla. Lăsați-l la infuzat timp de 10 minute.
3. Cel mai bine este să puneți ulciorul într-o găleată cu cuburi de gheață pentru a răci amestecul.
4. Se toarnă în cupe reci ca gheața și se decorează cu frunze de mentă proaspătă, jumătate de rădăcină de lemn dulce și câteva cuburi de gheață.

## 99. Rulada de cafea

**ingrediente**

- biscuit

*Pentru umplutura:*

- 125 ml de cafea
- 125 ml apă
- 100 g zahăr granulat
- 50 g faina
- 1 pachet de zahar vanilat
- 1 strop de lichior de cafea (dupa gust)
- 1 galbenus de ou
- 250 g unt (temperatura camerei) preparat

1. Pentru rulada de cafea, pregătiți mai întâi pandișpanul conform rețetei de bază. După coacere, rulați cu un prosop curat și uscat și lăsați să se răcească.
2. Intre timp amestecam toate ingredientele pentru crema si aducem la fiert intr-o cratita, amestecand continuu, si lasam sa se ingroase pana cand crema are consistenta unei budinci. Se ia de pe aragaz si se lasa sa se raceasca. Apoi amestecați untul.
3. Întindeți din nou pandișpanul cu grijă, întindeți crema deasupra și rulați din nou rulada.
4. Serviți rulada de cafea.

## 100. Budincă de cafea

**ingrediente**

- 1/2 l lapte (1%)
- 1 pachet praf de budincă de vanilie
- Pierdeți 1 lingură de cafea
- 2 linguri rom
- Preparare de îndulcitor (după caz).

1. Pentru budinca de cafea se amesteca praful de budinca cu putin lapte.
2. Aduceți restul de lapte la fiert, amestecați cafeaua, romul și îndulcitorul. Aduceți budinca amestecată la fierbere și turnați în boluri pentru desert.

## CONCLUZIE

Sunt rețete fermecătoare și diverse care îi vor ajuta pe iubitorii de cafea cu aroma lor incredibilă și izbitoare, care devine din ce în ce mai răspândită în viața de zi cu zi. Alege-ți preferatul și mănâncă bine!

www.ingramcontent.com/pod-product-compliance
Lightning Source LLC
Chambersburg PA
CBHW050359120526
44590CB00015B/1753